HELGA SCHÜTZ

Von Gartenzimmern
und
Zaubergärten

 aufbau

HELGA SCHÜTZ

Von Gartenzimmern und Zaubergärten

Mit Illustrationen
von Nils Hoff

aufbau

Einige Beiträge erschienen zuerst in »Architektur & Wohnen«
und »Country«.
Sie wurden für diese Ausgabe bearbeitet und erweitert.
Wir danken für die freundliche Genehmigung zum Abdruck.

MIX
Papier aus verantwor-
tungsvollen Quellen
FSC® C083411

ISBN 978-3-351-03475-7

Aufbau ist eine Marke der Aufbau Verlag GmbH & Co. KG

1. Auflage 2020
© Aufbau Verlag GmbH & Co. KG, Berlin 2020
Einbandgestaltung zero-media.net, München
Gesetzt aus der Whitman durch Greiner & Reichel, Köln
Druck und Binden CPI books GmbH, Leck, Germany
Printed in Germany

www.aufbau-verlag.de

Inhalt

Gartenzimmer ... 9

Willkommen in Bornim ... 15

Plumbago ... 23

Krokus – eine Blume, die der Teufel nicht kennt ... 27

Magnolia ... 33

Primula ... 39

Amor unit plantas ... 45

Agapanthus ... 55

Flower of Love ... 61

›Gloria Dei‹ ... 66

Suche nach der blauen Blume ... 71

Zeitmeisterei ... 78

Wenn die Sonne sich wendet ... 85

Fortsetzung: Zeitmeisterei ... 89

Mergel ... 94

Zaubergärten ... 98

Der Orkan des Jahrhunderts ... 101

Eine unter sieben Gleichen ... 105

Ende der Saison ... 112

Räuber im Rotbuchenwald ... 120

Nadelproben ... 126

Unberufen ... 134

Kauz in der Kiefer ... 137

Werdegang ... 143

Literatur ... 193

Zitatnachweis ... 197

Gartenzimmer

Selten führt so ein freundlicher Raum seinen richtigen guten Namen. Man sagt, ich bin in der Veranda, im Anbau, in der Kammer, im Schuppen, man horcht durch angelehnte Türen ins Haus, man schaut hinaus in den Garten, wo die Katze einem Eichelhäher hinterherjagt. Frecher Spott tönt hoch aus dem *Taxus*. Man freut sich, dass der Vogel gewinnt. Draußen wie drinnen regelt sich in diesen Stunden einmal alles von allein.

Das ist meine Zeit. Zwischen Sommer und Sommer. Am kühlen Ort. Das Gartenzimmer. Bei meinen Nachbarn ist es das einstige Bienenhaus. Mein Geviert war früher mal ein ordentlicher Wintergarten. So steht es auf den Bauzeichnungen von 1927. Bodenbelag Solnhofer Schiefer, Fensterbänke mit Wasserrinne aus Sandstein, vier doppelte Sprossenfenster mit Rollladen, ausstellbar, offene Gurtrollen. Doppeltür, wie die Sprossenfenster einfach verglast. Ziegeltritt zu Terrasse und Garten. Man kann sich Tischchen und Korbstühle darin denken, alles in Weiß, Palmen, Begonien und Orchideen, eine zierliche Gießkanne auf einem Beistelltisch, auf dem hochglänzenden Fußboden vielleicht sogar einen geknüpften Teppich.

Es ist anders gekommen. Mein Garten hat es gewollt und auch ich. Immer schon habe ich mir einen Raum gewünscht, wo ein starker Besen für die Reinlichkeit genügt. Wenn es die Küche nicht sein kann, dann mein Raum, der zum Garten führt, der einstmalige Wintergarten. Hier steht die alte Ofenbank, ein Ding zwischen Truhe, Sitzplatz oder Stellfläche für die Aussaatkiste, denn der Klappdeckel ist sehr praktisch mit Zinkblech verkleidet. Wenn wir Lust haben, wird die Bank frisch gestrichen und manchmal, je nach Kinderlaune, gegenständlich oder abstrakt bemalt.

Unterm Deckel werden Sachen aufgehoben, die wir nicht jeden Tag brauchen. Federbälle. Stricke für die Hängematte, vor allem aber Sämereien für das nächste Frühjahr. Gekaufte Tüten, Schachteln mit gesammelten Schätzen. Dieses Jahr war ich ganz auf Akeleien fixiert. Ich habe sie an Gartenzäunen von abgeblühten Stauden gebrochen und heimgetragen. Dank meiner Seven-Pocket-Jeans nach Farben sortiert.

Im Kasten der Ofenbank schlummert ein sorgfältig beschriftetes Pergamenttütchen. Das Geschenk aus Gatersleben, noch aus der Zeit, als ich einmal am Institut für Pflanzengenetik und Kulturpflanzenforschung zu Gast war. Dort hütet man zu Forschungszwecken, aber auch um die Schöpfungswunder der Natur zu bewahren, jeden nur erdenklichen Pflanzensamen. Der Institutsgärtner hatte mir aus seinem Garten Winterlingssamen geschenkt. *Keimt garantiert* und: *Verbreitet sich im Folgejahr selbst*, hatte er akkurat auf die Tüte geschrieben und wähnt mich unterdes im Frühjahr auf einer gelben Wiese. Während ich mit dem Pergamenttütchen an meine Saumseligkeit und Kleingläubigkeit erinnert werde. Ob in meinem schattigen Garten überhaupt Winterlinge gedeihen. Ob der Samen noch keimfähig ist.

Manches im Kasten ist von gestern und sollte vielleicht einmal aussortiert werden. Etiketten. Bindedrahtreste. Daneben eine Vorratsrolle Kletterdraht, grün, biegsam, leicht abzuschneiden. Eine Erfindung, die eine Medaille verdienen würde. Zuunterst habe ich eine neue Schere vor mir selber versteckt. Die soll mir im allergrößten Notfall, wenn beide andere Scheren gleichzeitig verschwunden sind, entgegenkommen. Zwischen den Schachteln finde ich meine alten mit eckig geschnitztem Monogramm versehenen Gärtnermesser.

Die Tür zum Gartenzimmer ist weit genug. Für die Schwelle habe ich mir eine Rampe gebaut, eine schiefe Ebene. Mit Schwung kann ich die Karre unter Dach bringen. Pflanzerde. Die Mischung richte ich im Depot, so nenne ich die Ecke im Garten, wo ich ein Häuflein kostbaren Lehm, dazu Sand, Nadel- und Lauberde, Pferdemist und Torf gelagert habe.

Es hängt vom Wetter ab, ob ich vor der Tür oder drinnen umtopfe. Vor dem Fenster den Tisch könnte ich, wenn ich Küchen- und Schreibarbeiten und die Kaffeetasse unterschlage, Pflanztisch nennen. Die Tontöpfe, Siebener, Achter und so weiter, sauber gestapelt. Bast am Fensterwirbel, unter dem Tisch der Eimer mit den Hornspänen, geruchsdicht verschlossen. Im Regal oder auf dem Fensterbrett, jedenfalls in Griffnähe, Schere, Hippe, Wetzstein, Handspaten, ein Päckchen Etiketten, ein mit dem Messer gespitzter Bleistift. Zettel und bunte wettergegerbte Kataloge.

Fast wie einst zu Gärtnerlehrzeiten im Verbinder, dem Glasvorbau, der die Gewächshäuser miteinander verband. Das Kalthaus, das nur 12 Grad haben durfte, das temperierte, zwischen 12 und 18 Grad, und die Warmhäuser, die über 18 Grad gebracht wurden. Im Verbinder spielte das Leben, vor allem sollte er Arbeitsplatz sein. Hier wurde gesät, pikiert, getopft und umgetopft. Auf der Stellage, die sich längs der Glasfront erstreckte, lagerten Erdmischungen, Topfreihen. Auf flachen Transportkarren standen die

Kisten mit den Pflanzen. Links die kleineren Töpfe, rechts die umgetopften Pflanzen. Wochenlang *Cyclamen persicum*, erst ›Leuchtfeuer‹, danach ›Schneekönigin‹, ›Walzertraum‹ und ›Martha‹. Oder Farne oder Gloxinien. Saisonarbeiten. Die *Cyclame* hatte beinahe immer Saison.

Wenn wirklich einmal nichts an den *Cyclamen*-Kulturen zu machen war, es obendrein draußen wie aus Kannen goss, ließ sich unser Meister trotzdem immer eine Arbeit einfallen. Stecklinge schneiden. Von der *Tradescantia* unter den Warmhausstellagen oder von den Mutterpflanzen der *Begonia rex* oder der ›Gloire de Lorraine‹. Dafür mussten erst einmal die Stecklingsmesser geschärft werden. Das nahm Zeit, denn unser Ehrgeiz war groß. Jeder pflegte seinen eigenen Wetzstein und seine Methode. Durch Kisten abgetrennt, stand ein alter Bürotisch, darauf Schreibzeug, Schachteln mit Lackmuspapier, Gerätschaften für Bodenuntersuchungen.

Unser größter Schatz war ein alter Lateiner, der eigentlich als Heizer zu uns in die Lehrgärtnerei gekommen war. Im Verbinder, neben dem Erste-Hilfe-Spind, in dem er ein Grammophon eingebaut hatte, befand sich sein Frühstücksplatz, eine Kiste, ein Stuhl. Er redete von Fixsternen, von Vögeln und von Musik, von Bruckner und der Aufführung der 3. Symphonie nach dem Krieg.

Zum Sämlingepikieren brauchte man Geduld und fein geschnitzte Pinzetten. Meist gehörte dazu Regenwetter. Munteres Prasseln auf dem Glasdach. Einschläfernd. Jemand fing an zu singen. »Bona nox«. Wenn uns Gefühle beschlichen, Endlichkeits- oder Ewigkeitsgedanken, Abschiedsahnung oder Langeweile, sangen wir »Dona nobis pacem«. Darauf sagte unser Lateiner auf Deutsch, er habe Mozart schon schöner gehört. Im Verbinder herrschte Aufrichtigkeit und Einfalt. Wie an einer Universität.

Ein geschützter Raum ist mein heutiger Ort allemal. Das Holzrad von einem Handwagen, das ich am Fenster aufgebaut habe, wird nicht verlacht. Es ist ein Überbleibsel von unserem schlesischen Flüchtlingswagen. Wir Enkel haben uns dieser Tage je ein Rad genommen. Der Rest ist Rauch, Geschichte, wir sind die Allerletzten.

Ein weißer Korbsessel aus frühen Zeiten klemmt, mehr gelitten als jetzt noch gebraucht, zwischen *Clivia* und *Agapanthus*. Da soll auch die *Fuchsia* unterkommen und der große ausladende Gliederkaktus, der *Plumbago* braucht seinen Platz. Im Herbst wird es ernst, es wird eng im Gartenzimmer.

Der Kater probiert irritiert andere Schlafgelegenheiten. Im Korbsessel liegt das Katzenkissen, wolligwarm, altbewährt. Doch die Sicht ist versperrt von einem üppigen Rankenknäuel mit letzten blassen Passiflorablüten. Der größte Kürbis wird vorübergehend im Sessel verstaut. Daneben die Apfelstiegen. Boskop und Goldparmänen. Der Kater hat sich für einen neuen Platz auf der Fensterbank entschieden. So hat er das Weltgeschehen wieder im Blick.

Gut, dass es Pflanzenroste und Untersetzer mit Rädern gibt. Man schiebt ans Licht oder weg vom Fenster, man gruppiert besser und schöner, schafft sich Raum für die letzte Karre fein gesiebter Erde. Die Zwiebeln der Frühlingsblüher habe ich dieser Tage an Ort und Stelle gesetzt. Es wäre Zeit, von der weißen Pelargonie ein paar Stecklinge zu schneiden. Nächstes Jahr mal nur Weiß, Abkömmlinge in der großen Schale von der sympathischen Sorte, die sich selber putzt.

Post liegt auf dem Tisch. Staudenkataloge und ein Brief, eine Einladung zur 11. Gaterslebener Begegnung. Da suche ich das pergamentene Tütchen. *Eranthis hyemalis*. Eine

Schrift, wasserfest, korrekt: Noch vor der Winterkälte in den Boden bringen. Gut abdecken, stets für Feuchtigkeit sorgen. Gewiss, das wäre schön, vom Fenster her in der Schneedecke viele gelbe Blüten, Winterlinge, das könnte mir gefallen.

Willkommen in Bornim

Zu den Meistern wandern, zu Kakteen-Haage oder zu Chrestensen nach Erfurt, zu Franz Weinreich in Wolmirstedt, das wünschte man sich in den frühen fünfziger Jahren, wenn die Gärtnerlehrzeit überstanden war. Weitbekannte Spezialbetriebe lockten. Moorbeetkulturen? Gehölze?

Ich träumte von Karl Foersters Staudengärtnerei in Bornim bei Potsdam. Karl Foerster war Deutschlands berühmtester Gärtner, seinen legendären Senkgarten hatte der Züchter von vielen sagenhaft schönen Ritterspornsorten zum Treffpunkt für Künstler, Schriftsteller und Musiker gemacht. Ich hatte über die Jahre einige Bornimer Kataloge gehütet. Neben Rittersporn gibt es fast ebenso viele Phloxe, seine zweite Lieblingsstaude, in Leuchtfarben und zartem Pastell, frühblühende Sorten, niedrige, regenfeste. ›Landhochzeit‹, ›Firmament‹, ›Sommerkleid‹ und die nach seiner Frau benannte ›Eva Foerster‹, lachsrot mit weißer Blütenmitte. Auch Glockenblumensorten, Sonnenaugen und Sonnenbräute haben ihn zum Vater. Für all das, nicht zuletzt auch für seine Publikationen hatte ihn die Humboldt-Universität zu Berlin zum Ehrendoktor ernannt.

1952 war sein »Neuer Glanz des Gartenjahres« erschienen, das erste Fachbuch, das wir uns als Lehrlinge selbst kauften.

Er schrieb in einer eigensinnig poetischen Sprache über seine Passion.

15

Es war, als gewänne unser Beruf, der in diesen Zeiten ziemlich hart war, durch ihn einen höheren Sinn und etwas Würde. Wir trugen Holzschuhe, Fußlappen, umgearbeitete Militärklamotten, karrten Bombentrümmer, planierten Kriegsbrachen, bevor wir Blumen pflanzten. Den Sinn seiner Äußerung *Tröste mich – ich bin so glücklich* konnten wir als Junggärtner nur ahnen. Aber für diese Dimension verehrten wir ihn.

Seine neuen Staudenzüchtungen stellte er in den Büchern wie Gefährten vor. So erzählt er in einem Brief, wie er den üppig blühenden ›Wassermann‹, eine neue Rittersspornsorte, einmal gegen Abend besucht hatte, wie er dann am nächsten Morgen noch während der Dämmerung wieder zu ihm gegangen war. Berührt von der Magie des Lichts und der Farbe, beschrieb er eine zauberische Wandlung: *Es ist, als ob man einem Mondsüchtigen begegnet, der nicht mehr weiß, welcher Macht er über Nacht ausgeliefert war.*

Das war seine Art, mit der Arbeit, mit dem Alltag und mit den Rätseln der Welt umzugehen.

Seine stolze Behauptung *Das Leben ohne Phlox ist ein Irrtum* ließ sich wunderbar ironisch auf allerlei erweitern. Wir waren da ziemlich phantasievoll. Doch im Stillen wussten wir: Ein Phloxsommer ist wirklich die Wahrheit.

Als ich nach der Gärtnerlehre und einem Jahr als Landschaftsgärtnerin Studentin in Potsdam geworden war, ging ich in den Ferien zum Geldverdienen nach Bornim zu Foerster in die Stauden. Einmal hörte ich beim Jäten durch das offene Fenster Klavierspiel. Wilhelm Kempff, der berühmte Pianist, war oft Gast des Hauses. Ich blieb in der Nähe, jätete, harkte, hatte lange zu tun.

Manchmal half ich im Quartier gleich nebenan beim Jungpflanzenverkauf. Liebhaber suchten nach einer Züchtung von Foerster. Man kaufte von einer Sorte eine kräftige

Pflanze, höchstens drei. Man kaufte, der Erfahrung und Phantasie des Züchters vertrauend, gleichsam die Zukunft. Die Staude sollte im Garten Wurzeln schlagen, später einmal Gestalt annehmen, blühen und größer werden, dann würde man den Ballen teilen, in frische Erde setzen. Was auf dem eigenen Beet keinen Platz mehr fände, würde man verschenken, so wanderten Foerster-Sorten durch das Land.

Über fünfzig Jahre später pflanzte mich das Leben in einen Garten in Potsdam-Babelsberg. Von dem Garten hieß es, dass Karl Foerster bei der Gestaltung, vielleicht schon bei der Planung beratend mitgewirkt habe. Eines Offenen-Garten-Tages stand Marianne Foerster, die Tochter, ebenfalls Gärtnerin, mit einer Staudenkiste, Kaukasischen Geranien, Verbenen, Foerster-Phlox, unter meinen Kiefern. Seitdem sorgte sie sich um mein schattiges Terrain, und ich war manchmal Gast im Foerster-Haus in Bornim. Ich fuhr mit dem Fahrrad quer durch Potsdam. Adresse: Rauchfang 7.

Wir saßen gern im Wohnzimmer am Fenster mit Blick in den Garten, schauten von oben auf die Blumen wie auf Kinder, denen man gerne zusieht beim Spielen und Wachsen.

Dahlien, Sonnenhut, Herbstanemonen, Fächerahorn, Koniferen, violett, gelb, weiß, grün, tizianrot. So war das Bild. Genauso hatte es sich Karl Foerster vor hundert Jahren vorgestellt. Einen Garten, der so innig zum Haus gehörte, dass man das Gefühl haben konnte, das Haus hielte den Garten schützend in den Armen.

Das nächste Mal war schon Spätherbst. Der Frauenmantel schimmerte silbern, in den braunen Blütenständen lag Raureif. Zwischen Hagebutten blühten die nun wirklich allerletzten Rosen. Eingemummelte Besucher spazierten auf den Wegen, verschwanden hinter *Taxus*, zwischen hohen trockenen Stauden, die als Schutz und Schmuck, auch als Futter für die Vögel über Winter stehen bleiben sollten.

Auf dem Teetisch lag das Buch »Der Garten meines Vaters Karl Foerster«, durch das Fenster schauten wir auf das prächtige Original, das, noch während der Vater hier wohnte, zum Denkmal erklärt worden war. Ein Denkmal, das sich in seinen hundert Jahren erneuert und verjüngt hat, aber auch erwachsen und alt geworden war. Die Hüter und die Stiftung Denkmalschutz müssen entscheiden. Wollen sie die Idee, dazu zeitgebunden prägende Bilder bewahren oder das Andenken an die Schöpferhand? Der kleine Ahorn, den diese Hand einst gepflanzt hat, wirft heute mächtige Schatten. In der Krone eines Baumes, den Karl Foerster besonders liebte, haben sich Misteln angesiedelt. Jeder Entschluss braucht Herz und Verstand, es gibt bei der Pflege dieses Denkmals nicht nur eine Wahrheit.

Der junge Staudenzüchter hatte beizeiten seinen Betrieb von Berlin nach Bornim umgesiedelt. Seine Ideen brauchten Raum: Gewächshäuser und Freiland. Neben dem Wohnhaus, das 1912 im Sinne des Architekten Hermann Muthesius gebaut worden war, hob er in östlicher Richtung eine 80 bis 160 Zentimeter tiefe Senke aus. 45 mal 25 Meter groß. Er nannte die Vertiefung im Gelände Senkgarten, Sunken Garden, nach englischem Vorbild.

Seine Senkgarten-Architektur lockte Neugierige, machte Schule. Eine sanfte Mulde, wenn möglich an der tiefsten Stelle ein Teich, wenigstens ein Bassin oder vielleicht ein kleiner Brunnen. Wasser. Bewegte Stille. Niedrige Mauern, die Wärme und Feuchtigkeit in der Erde halten. Wege, die gliedern und führen, steinerne Bänke zum Verweilen, die wie Ofenkacheln die Sonne oder auch die Nachtkühle speichern. Fast nach Wunsch.

Bornim, ein Pilgerziel. Das ganze Terrain ein Pläsier zwischen Bauern- und Renaissancegarten.

Auf den Feldern westlich hinter dem Haus, in Gewächshäusern und auf etikettierten Beeten gediehen altbewährte und neue Staudensorten.

Im Senkgarten konnte der Züchter die schönsten, manchmal auch heikle Neuheiten jeden Tag aus der Nähe beobachten und beurteilen. Er sah sie als ein Detail der Gartenarchitektur im Zusammenspiel von Formen und Farben rund um das Jahr. Begleitet von Regenwolken, Sonnenstrahlen, Schmetterlingen, Wühlmäusen, Wespen, Raureif, nicht zu vergessen Wind. Windstille.

Charaktere mit erwünschten Eigenschaften.

Sorten, die dem Regen, der Sonne, den Schädlingen widerstehen. Wichtige Eigenschaft des Züchters: Ausdauer, Geduld mit der Gemächlichkeit der Jahreszeiten. Es währt seine Zeit, ehe ein Staudensämling endlich selbst Samen trägt, dann wieder Jahre, ehe die nächste Generation blüht.

Marianne Foerster erklärt, der Vater habe immer mehrere Lieblinge gleichzeitig gehabt. Im Gewächshaus, im Freiland. Zum Beispiel Rittersporn ›Klingsor‹, Notiz zu ›Klingsors‹ Charakter: *Der luftige, geheimnisvolle Schönheitsbau mutet wirklich wie ein Gebilde aus einem Zaubergarten an. [...] Das ätherische Gebilde trägt sich im Wind, auch wagt sich kein Mehltau heran.*

Eine sehr erfreuliche Erscheinung.

Für Karl Foerster gab es sieben Jahreszeiten. Vor dem Frühling waltete der Vorfrühling, den Sommer teilte er in den Früh- und den Hochsommer auf. Nach dem Herbst startete ab Allerseelen der Spätherbst, bevor der Winter mit dem ersten Advent Einzug hielt. Den Winter hat er verehrt, den November regelrecht gefeiert, weil da die Tage so wundersam sanft beginnen. Er preist im Buch »Garten als

Zauberschlüssel« diesen *kahlhäuptigen* Monat: wie in dieser Zeit die *bisher dicht verhangene Landschaftsferne in alle Bilder der Nähe* hereintritt.

So ist es.

Senkgarten, außerdem Frühlings-, Herbst- und Wohngarten rings um das Haus bilden heute das geschützte Kernstück in der schönen Bornimer Feldflur.

Die Umgebung, das ist die gepriesene Landschaftsferne.

Im Sommer finden im Wohngarten vielbesuchte Lesungen und Konzerte statt. Als Spätkommerin saß ich einmal oben auf der Terrassenmauer. Ein guter Platz, um mit offenen Augen zu träumen, drei Stunden Landschaftsferne. Abendnebel und rosa-violetter Sonnenuntergang. Und rechter Hand: Musikinstrumente, ein Mikrofon für einen Schauspieler, ich habe die vorgetragenen Gedichte vergessen. Aber ich spüre noch die Mauer, die Hauswand, sehe das Bild vor mir: den Garten von oben. Das Altbekannte trotz der Wandlungen. Unverkennbar das umrankte steingelbe Haus, die türkisfarbenen Fensterflügel, die Gartenpforte, der Weg zum Senkgarten. Freier Eintritt immer, bis zum Einbruch der Dunkelheit.

Plumbago

Beglückt mache ich mich auf den Heimweg, im Fahrradkorb Stauden, Schätze aus dem Foerster-Garten in Bornim.
Ich fahre gern hin, zu jeder Jahreszeit. Dort kann ich bewundern, wie alles im Saft und in Blüte steht. Ein wenig
neidisch, weil es in meinem schattigen Waldgarten, besonders im Sommer, ganz anders aussieht. Bei mir wachsen
Moose, Farne und ein paar gehegte Glockenblumen. Der
Phlox zeigt zarte Blütendolden, damit ich mich erinnere,
welche Sorte ich vor Jahren bei mir ausgepflanzt habe. In
Bornim begegne ich den Vorbildern, aufrechtem Rittersporn, *Phlox* in dicken rosa und weißen Wolken.

Manchmal treffe ich Marianne Foerster, die kundige Hü-
terin der Hinterlassenschaft ihres Vaters, der vor hundert
Jahren den inzwischen denkmalgeschützten Garten angelegt hatte. Wenn Marianne Zeit hat, durchstreifen wir den
Garten kreuz und quer. Ob ich Verbenen habe, die hohen,
die *Verbena bonariensis*? Habe ich nicht. Schon greift sie
zum Handspaten. Schon besitze ich einige gut bewurzelte
Exemplare. Hier im Senkgarten nisten diese violetten sa-
menstreuenden Pflanzen überall, das heißt genau an der
Stelle, wo sie hingehören, wo sie schön aussehen.

Leider nicht bei mir. Übers Jahr ist die mannshohe, lieb-
lich im Wind spielende Verbene vom Beet vor meinem
Fenster wieder verschwunden. Sie ist fort. So geht es mir
mit solchen Geschenken. Ich freue mich, suche den besten

Pflanzplatz, gieße und hoffe. Ich tue viel, doch vielleicht nicht genug. Man kommt sich lumpig vor, wenn der geschenkte *Agapanthus* nicht blüht, die Dahlie dahingeht, weil man wieder gegen die Schnecken nicht stark genug war.

Im vorvergangenen Jahr hatte Marianne Foerster einen Topf *Plumbago* in meinen Fahrradkorb gestellt, einen Ableger von einer leuchtend blauen wahrlich prächtigen Bornimer Mutterpflanze. Freude, bei schleichender Sorge. Werden wir uns bewähren, mein Garten und ich?

Ich konnte über den ersten Sommer sehr zufrieden sein mit dem neuen Busch. Den folgenden Winter hat er, ordentlich gestutzt, am Kellerfenster verbracht. Vielleicht zu trocken, vielleicht zu duster. Wahrscheinlich nicht kühl genug. Im März wurde er als dürres sperriges Gezweig mit grauem vertrockneten Laub aus dem Keller geholt. Kein Ansatz von Grün, kein Lebenszeichen. Ich habe noch einmal die Schere genommen, habe dem Stock frische Erde gegeben, Hornspäne, habe mit Regenwasser gegossen. Mit der Lupe war mir so, als entdeckte ich stecknadelfeine grüne Spitzen. Meine sonst freundlichen Nachbarn meinten, den Strunk kannst du vergessen.

Vier dürre Frühlingswochen. Mein Hoffen schwand. Wieder würde ich in Bornim nichts Gutes berichten können. Aber dann, vielleicht hatte eine Warmfront geholfen und Regen oder einfach nur eine Reise, ich war sieben Tage nicht zu Hause gewesen. Meine Abwesenheit hatte die Säfte im schlafenden Holz geweckt. Sieben Tage ohne meinen bangen Blick.

Der *Plumbago* steht in einem doppelwandigen Topf. Er treibt und blüht, er gedeiht wunderbar. Er fühlt sich am richtigen Platze. Nahe am Haus, Südseite und oft in Gesellschaft von weißen Petunien. Wie eine himmelblaue Fontäne, so sprühen die dichten kleinrispigen Blüten aus luftigem Grün. Wenn die Enkel nahe daran vorbeirennen, kleben winzige blaugestielte Sterne in ihrem Haar und an den Kleidern. Die Eltern wissen damit gleich, dass die Kinder in Großmutters Garten waren.

Man begegnet dem blauen, manchmal weißen *Plumbago* in Parkanlagen als Busch und sogar als Hochstamm, zum Beispiel im Park von Sanssouci an der Treppe und auf dem Vorplatz der Orangerie. So hat er es nicht weit ins Winterquartier, denn als Südafrikaner muss er im Winter unters Dach. In warmen Gegenden wie in Italien habe ich seine blauen Blütenzweige zwischen *Taxus*-Büschen gesehen. *Plumbago*-Blau wucherte wild, strahlte aus immergrünen Hecken. Es breitete sich wie ein Himmelstuch über einer Müllhalde aus. Es ist ein besonders helles, ein leuchtendes Blau. Bleiwurz.

Man kann nur raten, woher die Pflanze mit den zarten Blüten ihren schweren dunklen Namen hat. Manche Botaniker sehen einen Stich Bleifarbe in den Blüten, man weiß, dass in der Wurzel ein Farbstoff enthalten ist, der in der Heimat der Pflanze zum Tätowieren benutzt wird. In griechischen und lateinischen Kräuterbüchern liest man von heilenden Kräften. Eine Augenkrankheit könne mit zerkauter bleifarbener Pflanzenpaste kuriert werden, die man auf die kranken Augen, auf bleigraue Flecken!, zu streichen habe. Heilpaste und Krankheitsbild, beide bleigrau? Blei, lateinisch »plumbum«, also *Plumbago*.

Der hiesige Volksmund hat sich noch nichts Besseres einfallen lassen in der verhältnismäßig kurzen Zeit, seit *Plumbago* bei uns als Garten- und Terrassenschmuck kultiviert wird. Bleiwurz.

Zur *Plumbago*-Gattung gehören etwa ein Dutzend Arten. Wir reden hier von *Plumbago auriculata*. Der Artname bezieht sich auf die kleinen Ohren unter den Ansätzen der spindelförmig angeordneten Laubblätter. In manchen Gartenbüchern wird diese Art nach ihrer Heimat *Plumbago capensis* genannt. Zu Hause in Südafrika empfindet man den Namen nicht als schwer und grau, sondern, wie es der Pflanze zukommt, schön und blau. Würde man sonst in Afrika noble Hotels »Plumbago« nennen?

Inzwischen hat der *Plumbago* seinen vorjährigen Sommerplatz eingenommen, neben den weißen Petunien.

Mittagssonne fällt durch die Baumkronen, Licht spielt in der schäumenden blauen Fontäne.

Dem Fahrradkorb entnehme ich einen gelben dreilappigen Sonnenhut, eine *Rudbeckia triloba*, und aufs Neue Verbenen, die hohe violette *bonariensis*, weil ich einfach nicht klug werden will.

Krokus – eine Blume,
die der Teufel nicht kennt

Ein kalter Wind fegt über die Parkinsel. Es riecht nach Schnee. Die Blätter der Bergenien in den Rabatten leuchten frostig rot. Es wird höchste Zeit.

Auf farbig bemalten Kartons steht immer schon fest, wie das Frühjahr auftreten wird, diesmal: violett, dazwischen Weiß mit einem bläulichen Farbhauch. Zimtgelb die Farbe des Rondells.

Ein Frühling für Krokusliebhaber.

Der Boden ist bereitet.

Die kleinen Knollen werden wie Samen auf das wellenförmig planierte Gelände gestreut, nicht zu viel auf einmal, damit das Auge sich merkt, wo die Knöllchen liegen. Dann werden sie einzeln in die Erde gesteckt.

Weil die Knollen aussehen wie Rosenkranzperlen, heißen die Blumen dann auch in manchen Gegenden Beichtrösel oder Paterniesel. Oder Chäsli, denn innen sind die Knollen gelb wie Schweizer Käse.

Das Farbenspiel der vieltausend Krokusblüten soll schäumende Wellen, Wasser, jedenfalls einen mythischen Ort beschwören, ein Gefilde, wo Primavera die Insel betritt. Es ist höhere Gartenkunst, ein Experiment oder einfach ein freundliches weißes Krokusfeld, dazwischen etwas Lilablau.

Mit dem Krokus, es gibt wohl hundert Arten und jedes Jahr Neuheiten auf dem Sortenmarkt, könnte man das

Parkgelände wie einen riesigen Teppich gestalten. Graphisch oder mit Schwung gemustert. Jugendstil.

Man sagt, der Krokus sei gehorsam.

Bei uns macht der Krokus, was er will. Unsere Wiese ist im Frühling bunt, im Gras liegen lauter leuchtende Ostereierfarben, mal mehr gelb, mal mehr weiß oder violett, meist verteilen sie sich auf der Wiese in reinen unifarbenen Nestern, je nachdem, ob sich die Krokusse über die Jahre durch Knöllchen vermehrt oder durch Samen mithilfe der Ameisen ausgebreitet haben. Hier ein blaues, da ein gelbes Nest.

Es geht vorsichtig los. Zwischen Schneekissen, unter Sträuchern, neben den Steinen. Der erste Krokus wird genauso entdeckt wie das erste Schneeglöckchen. Ein violetter Einzelgänger, ein Bote. Die Kinder haben ihn gesehen. Mitten im Heidekraut. Nun dauert es nur noch einen Augenblick, und die Krokusblüten bestimmen unser Leben, unsere Schritte, man darf nun nicht mehr über die Wiese rennen.

Auch ganz oben in den Alpen, im Hoch-Engadin, wo der Winter kein Ende nehmen will, geschieht es von einem Tag auf den anderen. Am Weg ins Tal hatte sich ein gewaltiges Schneebrett verschoben, Sonnenstrahlen trafen nach langer Finsternis den steilen schneefreien Abhang. Am nächsten Tag schimmerten, nicht wie Schnee, aber trotzdem wie vom Himmel gefallen, lauter zarte weiße Flocken im wintergrauen Gras. *Crocus albiflorus* blühte.

Der Krokus ist mit dem Schneeglöckchen eine Lieblingsblume der Kinder, weil sie zum Frühling gehören und zum Osterhasen, auch weil man den Krokus ganz eindeutig malen kann. Er blüht ohne Stängel direkt aus der Erde oder aus der Wiese heraus, zuerst wie eine nach oben offene Glocke, später sieht die Blüte aus wie ein Stern. Man braucht alle Buntstifte, vor allem Violett, Gelb, Orange, Weiß sowieso.

Etwas Rot. Ein paar grüne Striche, das sind die Laubblätter, ein gelungenes Werk.

Auf Stillleben oder in den blütenreichen Vordergrundmalereien der Renaissance habe ich dagegen nirgends einen Krokus entdeckt, auch nicht auf Blumenbildern aus dem Orient, obwohl der Krokus hier nicht nur in Gärten, sondern in vielen Arten als Wildform zu Hause ist. Vielleicht ist das so, weil er sich nicht pflücken, gar in einen Strauß einbinden lässt. Selbst der Teufel kann eine Blüte ohne Stiel nicht fassen.

Es waren Botaniker, die den Wildkrokus in feinsten Einzelheiten und Varianten von der Blüte bis zur Knolle dargestellt haben.

Naturgetreu, botanisch verlässlich, das waren Attribute, die das Werk mit Lithographien nach Zeichnungen mit dem Titel »A Monograph of the Genus Crocus« des englischen Fabrikanten und Hobbybotanikers George Maw auszeichneten. Es beinhaltete den reichen Ertrag seiner Reisen in den Nahen Osten und nach Nordafrika. Ein künstlerischer und naturkundlicher Schatz.

Das Bild eines nackten, ziemlich verblichenen Krokus hing während meiner Schulzeit als Schautafel für den Botanik-Unterricht in der Abteilung »Morphologie der höheren Pflanzen« im Kartenzimmer. In der Mitte die braune Knolle, nach unten bärtige Wurzeln, nach oben ein kurzer Schaft mit parallelnervigen Blättern, dazwischen die zwittrige, radiärsymmetrische violette Blüte. Neben der ganzen Pflanze noch einmal größer dargestellt: die Staubgefäße und im Querschnitt der längliche Fruchtknoten, gefüllt mit vielen Samen.

In Kochschulen, die heute zur Freizeitkultur gehören, kann man im Fach Gewürzkunde an so einem Schema lernen, dass das Wichtigste am Krokus seine länglichen kräftig gefärbten Narben sind, denn daher kommt der Safran, das gelbe teure Gewürz.

Während einer touristischen Busfahrt durch Anatolien, wo der Safrankrokus, der *Crocus sativus*, auf Feldern angebaut wird, haben meine Reisegefährten fleißig gelbes Pulver gekauft. Vielleicht echten Safran. Der Glaube tut viel beim Kochen und Essen und überhaupt.

Unser Bus querte Wildkrokusland. Man hatte über das Taurusgebirge eine Straße gebaut. Parkplätze. Ich hielt Ausschau nach einer Krokus-Art, die bis vor Kurzem namenlos war. Jetzt heißt sie *Crocus paschei*, nach dem Entdecker Erich Pasche. Silberfarben, sanft violettblau, mit einem gelben Grund, so sollte ich mir die Blüte vorstellen. Ein Krokus, der im Verborgenen blüht.

Es ist gut, dass nur Kenner wissen, wo. Ich habe ihn nicht gefunden.

Die Gemeinde der Krokus-Spezialisten ist nicht sehr groß. Es gibt keine Crocuse Society und in den Bibliotheken wenig Literatur. Nächstens soll ein Buch von einem lettischen Autor erscheinen, der in seinem Zuchtbetrieb einige seltene Krokus-Arten kultiviert. In England beruft man sich in Krokus-Fragen auf Brian Mathew, der im Herbst und im Frühling blühende Arten in Untergattungen, Sektionen und Serien systematisiert hat. In einer Dankrede für eine Auszeichnung verweist der Geehrte in Verbundenheit auf E. A. Bowles, er nennt ihn *an authority on the genus* Crocus.

Tief in die Biologie des Krokus versenkt man sich seit einiger Zeit an der Universität von Leicester mit einem Krokusbank-Projekt der Europäischen Kommission. Man will der Urform des Safrankrokus genetisch auf die Spur kommen, erklärtermaßen der Nützlichkeit wegen. Safran macht vielleicht nicht nur den Kuchen gehl oder gelb, sondern auch die Leber gesund. Nach den Arbeitstagen wird die Schönheit gefeiert. Der Botanische Garten der Universität lädt ein zum Krokus-Sonntag, die Pracht von *Crocus tommasinianus* zu bewundern.

Durch DNA-Analysen können jetzt alte Zuschreibungen neu überdacht werden, mancher Krokus bekommt möglicherweise einen anderen Namen. Unsere Experten zögern deshalb mit festgeklopften Aussagen. Wer jahrzehntelang in den Gebirgen der Welt auf Exkursion war, der ist ohnehin demütig geworden, aber auch jederzeit Glücks gewärtig. Der kleine Krokus hat noch Geheimnisse und manchen Verwandten, den wir nicht kennen.

Im Taurusgebirge, wo die Täler tief genug sind, haben sich in benachbarten Bergen über die Zeiten, in Luftlinie gar nicht so weit voneinander entfernt, genetisch reine Arten erhalten. Hier am Berg ein blaues Feld, drüben über dem Tal ein gelbes. Nach Plänen des waltenden Landschaftsgestalters. Konsequent gemalt in den wunderbaren Farben des Wildkrokus-Spektrums. Man kann davon träumen.

Sein Freund, so erzählt Erich Pasche, habe in der Nacht vor einer gemeinsamen Exkursion von einem wundersamen nie gesehenen Krokus geträumt, außen strahlend weiß und innen auf dem Blütengrund tief violett. Er habe prophezeit, genauso einen würden sie diesmal finden.

Pasche und Kerndorff haben ihn gefunden, einmal mehr eine bisher unbekannte Krokus-Spezies, weiß mit violettem Grund. Zu Ehren des englischen Kollegen Brian Mathew haben sie ihre Entdeckung *Crocus mathewii* genannt. Das sind Feiertage. Die nächste Wandertour endete mit einer Enttäuschung. Pflanzenjäger hatten die Fundstelle kahl geräubert, wahrscheinlich, um die Knollen auf dem Raritätenmarkt zu versetzen. Ein anderes Mal waren Schafherden über eine gerade entdeckte *biflorus*-Population gezogen, statt der seltenen Krokusse lag da nun eine betonharte kahle Piste.

Wir laufen in diesen Tagen immer noch mit achtsamen Sohlen über unsere bunte Krokuswiese. In den Nachbargärten hört man schon wieder die Mähmaschinen, wir freuen uns über einen Nachzügler, einen Silberlack-Krokus, der vom Steingarten auf die Wiese gewandert ist. Purpurfarbene Fiederung, zartgelber Grund. Sogar der Kater macht einen höflichen Bogen um die aparte Erscheinung.

Magnolia

Im Park von Sanssouci, am Fuß der Pergola von Schloss Charlottenhof, da steht sie. Ich wandere hin, wenn ich wieder einmal sehen will, was ich mir wünsche. Sie ist mein Traum. Im Winter ein kräftig graues Geäst, mit prallen vielversprechenden grünspanfarbenen Knospen, dahinter das schlicht anmutende Gemäuer des Schlosses. *Magnolia* x *soulangeana*, eine Kreuzung der *denudata* und der *liliiflora*.

Ein Erfurter Gärtner namens Topf hatte sie in Italien bei einem Signore Salvi gekauft. Man weiß nicht, ob aus Vincenza oder von einem Züchter gleichen Namens aus Florenz. Man weiß auch nicht, ob die neue Schönheit durch einen klugen Plan entstanden ist oder ob es nicht einfach der Wind war, der ihr in die Welt geholfen hatte. Der Erfurter gab seinem Schatz den Namen ›Lennei‹, nach dem verehrten Gartengestalter Peter Joseph Lenné.

1854, so steht es geschrieben, wurde sie an Ort und Stelle gepflanzt. Damals wie heute schauen von oben zwei Bronzefiguren zu ihr herab. Im griechischen Faltenkleid die Muse Klio, daneben der jugendlich nackte Apoll.

Magnolia, Klio und Apoll als Dreieinigkeit. Klio, die Muse der Geschichtsschreibung, holt aus der Vergangenheit Deutungsversuche für unser vormaliges Versagen, vielleicht Hoffnung, Apoll, der Lichtgott, trägt seitlich verborgen einen Köcher mit zierlichen Pfeilen. Sein Blick leitet, schickt mich weiter in den Rosengarten oder, wie die Gartengestalter es nennen, ins Paradies. Dort ist die Erde im April noch braun und winterschwer. Die Hochstämme und Strauchrosen zeigen vorsichtige grüne Triebe.

Man kann nicht wissen, wie es um das Frühjahr bestellt sein wird. Vielleicht steckt kontinentale Kälte hinter der schwarzen Hexenkiefer. Doch die Magnolie blüht, was auch kommen mag, mir und dem Augenblick zugewandt, aus vollen Trieben. Eine Frühlingswolke in Weiß und Purpurrot zu Füßen der Götter. Als glaubte ›Lennei‹ in heiterer Entschlossenheit an südliches Glück, an Italien, wo es keine Spätfröste gibt. Als wäre sie, wie die beiden Zeuskinder oben auf der Pergola, gleichfalls ein Nachkömmling griechischer Götter. Man kann ihren Mut nur bewundern, besonders wenn aus Nordosten eine Gewitterwand aufzieht. Ein finster violetter Himmel, dazu die arglos geöffneten Blüten. Sie hält durch, selbst ein paar Schneeflocken steckt sie weg. Sie treibt zartgrünes Laub. Sie blüht. Gegen die kalten Nächte und durch den Frühling. Von Anfang April bis in den Mai.

Der junge Mann mit dem rostroten Wikingerbart, der Baumexperte von Sanssouci, gibt ihr noch viel Zukunft. Manches ist in den Jahrhunderten gemodelt und geändert worden rings um das Schloss Charlottenhof. Aus dem Rosengarten wurde während einer Zwischenzeit ein Staudenrevier, jetzt, zu unserer Freude, wieder ein Rosenparadies. Die alte Magnolie hält ihren alten Platz und ihren schönen Sinn. In sehr kalten Wintern friert die ›Lennei‹ ein bisschen zurück. Das macht ihr nichts aus.

Der rostbärtige Experte begutachtet die Bodenäste, prüft, ob sie Wurzeln schlagen. Findet einen kräftigen Sprössling. Es ist, weil er meine Liebe ernst nimmt. Handspaten, Schere bereit. Ich halte ihn zurück, denn ich weiß, dass ich dem Kindel meiner Favoritin in meinem Garten keinen so schönen Platz bieten könnte. So viel Himmel und gute Erde, dazu die Gesellschaft von griechischen Göttern.

Jeder Baumliebhaber, ich würde sagen, jeder Mensch, kennt irgendwo in einem Park oder im Garten der Nachbarschaft eine Magnolie, mit der er sich schon über Jahre hin in Freundschaft verbunden fühlt. Er weiß, ob sie mit der Blüte diesmal früher dran ist als sonst oder ob ihr der letzte Winter zu schaffen gemacht hat. Man möchte jedes Mal einen Fotoapparat bei der Hand haben oder der Maler Gauguin sein, wenn sie im Frühjahr blüht. Man fühlt sich gerufen wie von Glockengeläut, man verweilt, als spielte der Meister Toccata und Fuge. Es gibt Magnolien-Jahre, da stehen die Blüten des Baumes wochenlang gegen einen kühlen blauen Weltraumhimmel.

Manche Spaziergänger nennen ihn Tulpenbaum, weil es von Ferne so aussieht, als trüge er lauter weiße, rosa oder gelbe Tulpen oder gleich Blüten wie Biertulpengläser. Aber das stimmt nicht. Ein anderer, der *Liriodendron,* heißt gemeinhin, sogar in Baumschulen, Tulpenbaum, obwohl er wahrscheinlich Lilienbaum heißen sollte. Wer will, kann die Lilie etwas holprig aus dem Namen herleiten.

Die Magnolie kam vor circa 300 Jahren nach Europa, zu einer Zeit, da Augen und Gedächtnis, Zeichenzeug und Furchtlosigkeit noch genügten, um Entdeckungen zu machen.

Charles Plumier, ein Franzose, der im Kloster Trinità dei Monti zu Rom botanische Kenntnisse erworben hatte, begegnete auf einer Forschungsreise durch Amerika einem im zeitigen Frühjahr auffällig blühenden Gehölz. Er kannte es nicht, also nahm er es mit. Er nannte den Neuling *Magnolia,* nach dem Naturwissenschaftler und Inspektor des Botanischen Gartens von Montpellier Professor Pierre Magnol.

Plumier hat über 200 unbekannte Pflanzen beschrieben,

einige blühen heute in den Balkonkästen, die Fuchsie und die Lobelie zum Beispiel. Die Magnolie wanderte in die Botanischen Gärten und die Parks von Europa. Die Augen der Botaniker waren nun offen, geschärft für Familienzugehörigkeiten, man fand weitere Magnolien-Arten in Asien.

Der Schwede Carl von Linné übernahm die *Magnoliaceae* in sein großes Werk »Species Plantarum«. Darin ordnete er die Pflanzen nicht mehr nach Farbe, Größe oder Fundort wie die Herbalisten. Er klassifizierte nach dem Sexualsystem und begründete mit der binären Namensgebung einen bis in unsere Zeit brauchbaren Kompromiss, eine leidliche Ordnung in der Vielfalt der Naturerscheinungen, gut für Magnolien-Züchter und für Pflanzenfreunde, die auf ihre Bestimmungsbücher schwören.

Heutige Wissenschaftler mit ihren modernen Instrumenten fanden heraus, dass die Magnolien wie der *Ginkgo biloba* zu den erdgeschichtlich ältesten Laubbäumen gehören. Gehölzspuren wurden in den Gesteinsschichten des Tertiär der damals eisfreien Arktis gefunden, wo sie unter Klimabedingungen gediehen, wie sie heute in unseren Breiten herrschen. Wahrscheinlich wuchsen Magnolien auf der ganzen Nordhalbkugel.

Mit der globalen Klimaveränderung vor 30 bis 25 Millionen Jahren, dem Wachsen der Polareiskappen, wurden die Magnolien-Populationen verdrängt. Sie hatten danach hauptsächlich im Osten von Nordamerika sowie vor allem in China, Japan und Korea zuträgliche Wachstumsbedingungen gefunden. Bis die Zeit der wandernden Naturforscher, der Pflanzensammler, der Züchter und Gärtner begann. Ihre Heimat wurde oft neuer Standort des Baums.

Blühende Magnolienzweige galten in China als Symbol der Aufrichtigkeit und Reinheit. Sie waren in ihrer klaren

Schönheit ein beliebtes Motiv auf Porzellan und auf Tapeten. Außerdem schrieb man schon 1083 der Magnolie in einem pharmazeutischen Buch (»Cheng Lei Pen Tshao«) Heilkräfte zu, man sammelte die Knospen, um Kopfschmerzen und Erkältungen zu kurieren. Die *Magnolia officinalis* wurde sogar kultiviert, um für die Apotheken genug Wurzeln und Rinde von Stamm und Ästen ernten zu können. Aus Magnolienrinde kochte man Antirauchertee. Auszüge aus Blättern waren gut zum Gurgeln. In manchen Provinzen sammelte man zentnerweise Blütenknospen, um bestimmte traditionelle Medikamente herzustellen.

Auch in der Küche fand die Magnolie Verwendung. Teile der Blüte, die Tepalen, werden immer noch eingelegt und als Reisgewürz gebraucht. Man isst die gekochten oder gegrillten Knospen als Gemüse. Aus Magnolienholz werden Schränke und Türen gebaut.

In den nacheiszeitlichen Heimatregionen Nordamerikas und Asiens existieren etwa 35 natürliche Arten. Aus ihren Genen stammt das inzwischen weltweit verzweigte Züchtungswerk. Beinahe Jahr um Jahr glückt die Geburt einer neuen Sorte. Anmutige Götterkinder und Spaßvögel wie ›Mr. Yellowjacket‹, ein Clown, kanariengelb bis orangegelb, blüht im Juni, meist noch einmal im Herbst. Es ist nur verständlich, dass es für so viel Fleiß, Abenteuerlust und Schönheitssinn eine Gesellschaft gibt: The Magnolia Society, mit Jahrestagung, Journal und Newsletter.

Mein rostbärtiger Experte am Schloss Charlottenhof liebt seine Nächsten, die standorttreuen Gefährten.

Ob ich die alte Stern-Magnolie links unterhalb des Schlosses Sanssouci kenne? Gehe der Nase nach, folge einfach nur einem deutlichen Sternenduft. Oder die riesige *Magnolia acuminata*, die Gurken-Magnolie, die direkt aus

Nordamerika zu uns gekommen ist? Steht, wenn man vom Obelisk durch das Tor kommt, am Weg zur Neptungrotte. Nicht zu übersehen. Ein 1892 gepflanzter, 20 Meter hoher Baum. Wenn du aber mal ein extra Fest feiern willst, Jugendstil, die Magnolie als Motiv und Magnolien im Park, dann fahre im Frühling nach Wien. Bestimmt gibt es Reiseunternehmen, die nicht nur zur Adonis- oder Japanischen Kirschblüte, sondern auch zum Magnolien-Ausflug rufen.

Ich gestehe nun, dass ich seit Saisonstart in nächster Nähe selbst eine puppenkleine *stellata* habe, eine ›Dr. Massey‹. Ich habe im »Göritz«, meinem Gewährsmann in Gehölzfragen, im einschlägigen Kapitel seines Buches »Laubgehölze für Garten und Landschaft« gelesen, dass die Stern-Magnolie auch in kleineren und intimeren Räumen gepflanzt werden darf, allein oder mit anderen edlen Kleingehölzen.

Noch steht ›Dr. Massey‹ mit drei weißen Sternen im Topf auf meiner Gartenbank. Das Sortenschild spricht von einem Blütenmeer. Dermaleinst, in Ururenkelzeiten.

Primula

Hatte Petrus seinen Schlüssel verloren, oder hatten die Engel beim Spiel in den Wolken nicht aufgepasst? War gar dem himmlischen Vater selbst ein Schlüssel entglitten? Viele Vermutungen. Das himmlische Missgeschick wurde bis heute nicht aufgeklärt. Alte Legenden erzählen, dass man nicht nur einen einzelnen Schlüssel vermisst; ein ganzes Bündel, ein Schlüsselbund sei in den Himmelsräumen verschwunden.

Wir auf der Erde konnten uns freuen. Aus dem verlorenen Schlüssel oder dem Schlüsselbund war auf unseren Wiesen und in den Wäldern, zum Glück auch in meinem Garten, eine Blume geworden. Das Himmelsschlüsselchen. Mit seinen gelben schlüsselbundartigen Blütentrauben hatte die Blume gleich auch den Frühling mitgebracht, Primavera, kein Schnee mehr. Die Erde grün.

Ende März zeigte sich Farbe am Saum der dunklen Koniferen.

Auch zwischen den Terrassensteinen und an der Treppe, wo die Wiese anfängt, Gelb, Pink und Weiß. Die himmlische Schussligkeit hatte *Primula veris* an eine Stelle gebracht, wo ich sie hätte nicht besser platzieren können. Danke, liebe Himmelsbewohner. Oft waren es allerdings Ameisen, die den Samen der Frühlingsblüher im Garten verteilten. *Primula elatior*, die Waldschlüsselblume, erschien diesmal etwas ungeschickt neben der Kinderschaukel. Ich habe die

Jungpflanzen an einen besseren Ort gebracht. In der Hoffnung, dass ihnen der zugewiesene Platz gefällt.

Das Himmelsschlüsselchen gehört zur weitläufigen Verwandtschaft der großen Familie der Erstlinge, der *Primulaceae*, im engeren Kreis zur Gattung der *Primula*. Unter diesem Namen versammelt sich alles, was wenigstens im Ansatz einen walzenförmigen Wurzelstock, dazu grundständige Rosetten bildende, ungeteilte oder gelappte Laubblätter hat, Grün, das entweder mit Stielen oder direkt, also ohne Stiel, am Wurzelstock ansetzt. Blütenstand meist doldig oder kopfförmig, selten traubig oder ährenförmig, manchmal kommen die Blüten ohne Stiel direkt aus der Wurzel. Die Griffel, die Narben, die Staubgefäße sind von ziemlich unterschiedlicher Form. Der Kelch kann wie ein Trichter oder eine Röhre oder eine Glocke aussehen. Oft geht der Kelch in eine tellerförmige Krone über. Der Kronsaum steht ausgebreitet, manchmal aufrecht mit ganzrandigen oder zweispaltigen Lappen.

Das, was der Botaniker einfach Lappen nennt, ist für uns die Blüte, die Blume, das Signal des Frühlings. Schon zur Weihnachtszeit trifft die erste Lieferung ein: Primeln mit Lappen: dottergelb, königspurpur, eisvogelblau. Nach dem Neujahrstag steht *Primula* in allen Supermärkten preiswert bereit.

So viel vorauseilender Frühling war nie. In Töpfen, als Farbklecks in Schalen, zwischen dem Grün der Fensterbänke, so schauen sie mit uns hinaus in den kühlen grauen Winter. Die *Primula-vulgaris*-Züchtungen bieten im Voraus alle Farben aller Jahreszeiten, selbst Lappen in Kastanienbraun. Sollte eine Farbe fehlen, wird sie im nächsten Jahr auf dem Markt sein. Oder der Zauber hat sich plötzlich erledigt. Das Auge will etwas Neues. Der Pflanzenfreund hat sich in eine andere Blume verliebt. Das geschieht. So ist es geschehen. Doch die Zeit kommt wieder. Die Primelzeit. Manchmal dauert es 200 Jahre. Das Primel-Vergessen.

Schon im Mittelalter gab es Leute, die an Primeln ihre Freude hatten. Abgesehen davon, dass die Schlüsselblume, die Apothekerprimel, früh bereits in Kräuterbüchern als Heilpflanze bekannt war, hatte man von Primel-Arten gehört, die auf Almwiesen blühten und schließlich in Gärten ausgepflanzt worden waren. Der flämische Gelehrte Carolus Clusius hatte während seiner Tätigkeit in Wien so eine Alpenprimel im Garten seines Freundes gesehen. Man machte sich auf, fand in den Bergen andere Varianten der früh im Jahr blühenden Pflanze, kultivierte sie und schickte schließlich Samen davon nach Lüttich. *Primula auricula* wurde von nun an in Holland und England gezüchtet.

Die Begeisterung hielt etwa 40 Jahre. Darauf trat wieder mal eine Pause ein. Primel-Müdigkeit. Die winterharte dickblättrige, oft samtig bemehlte, vielfarbig blühende Aurikel, das Bärenohr, das 1582 so viel Freude gemacht hatte, galt der nächsten Generation nichts mehr. Carolus Clusius blieb vielmehr im Gedächtnis, weil er in Wien die Rosskastanie, die Tulpe und die Kartoffel populär gemacht hatte.

Vergangen die Zeit des Bärenohrs. *Primula* keine Gartenblume mehr. Aber immerhin noch Schlüsselblumentee und tauglich als Gemüse. *An etlichen Orthen machet man aus den jungen Schösslingen der Blume Salat und isset dieselbige.*

In den Jahrhunderten ergänzten reisende Naturkundler die Herbarien mit weiteren Wildformen der *Primula*. Sie fanden die Gattung beinahe in allen Gegenden der Erde, zum Beispiel die rosarote *clusiana* in den Alpen. In den Reisfeldern Chinas wuchs als Unkraut unsere heutige Fliederprimel, die *malacoides*. Auf den Sumpfwiesen Birmas gedieh unangefochten die Königin des Sumpfes, *helodoxa*.

41

Am Flussufer des Amur die *saxatilis*. Im Kaukasus die *juliae*. In Afghanistan, Yunnan, Assam die *denticulata*. Auf dem Dach der Welt, im Pamirgebirge, fand man die winzige, herrlich duftende *Primula chrysopa*. Einige Arten haben ein eng begrenztes Zuhause. Im Grand Canyon, auf Labrador, Neufundland, in Kaschmir, versteckt in Felsspalten als Blütenkissen oder als einzelner Blütenstängel. *Primula farinosa*, die Mehlprimel, dagegen wohnt auf der Nordhalbkugel ziemlich überall.

Mittlerweile sind 400, gar legendäre 600 Arten bekannt. Man ordnet sie neuerdings in 30 Sektionen. Eine davon, allerdings mit etlichen Untersektionen, ist besagte einst aus dem Gebirge in die Gärten geholte, dann lange vergessene *auricula*. Wiederentdeckt, gesammelt und weitergezüchtet zur Goethezeit. Als Topf- und Beetpflanze, als Blume für Biedermeiersträuße in blauen Vasen. Ein beliebtes Streublümchen auf Porzellan. Aufs Neue ins Hintertreffen geraten durch die aktuelle züchterische vielfarbige Lappenpracht auf den Stellagen unseres Blumenhandels, die hervorgegangen ist aus der schaftlosen Schlüsselblume, der Kissenprimel.

Während meiner Lehrzeit nannte man sie *Primula acaulis*, nach Linné, heute gilt der ältere Name: *Primula vulgaris*. Als solche und, wenn ich will, auch als eine der anderen Arten – vielleicht sind es Julianen aus dem Kaukasus? – haben sie in meinem Gelände jetzt eine Heimat gefunden.

Primeln sind, neben Eibensämlingen und Ausläufern der Azaleen, die einzigen Pflanzen, die ich großzügig verschenken kann. Jedes zweite Jahr muss ich die ineinander verfilzten Primelrosetten ausgraben, teilen und umsetzen. Pflanzen mit dunkelpurpur-, hellpurpur- bis zartrosafarbenen Einzelblüten, niedrige Kissen, daneben intensiv purpurfarbene schlüsselbundartige Dolden, einige blühen zitronengelb, manche weiß. Meine brandenburgischen Varianten. Sie blühen, wie es sich für vom Himmel gefallene Frühlingsboten gehört, im März, aber manchmal schon im Februar. Karnevalsprimeln? Manche blühen sogar zu Weihnachten, lila bis purpur, mein Besuch staunt, will wissen, welch Wunder sich in meinem Garten vollzieht. Bei Kältegraden wandelt sich das Primelpurpur in ein frostiges Blau. Sie verblauen.

Sie wachsen zwischen Steinen, neben Rhododendren, Koniferen und Heide, in Stufenspalten, am liebsten am Mäuerchen und am Treppenfuß. Wenn ich wollte, könnte ich Wald und Wiese damit bestellen. Anders die Kugelprimeln, *Primula denticulata*, meine scheuen Gäste aus Afghanistan, sie sind, Jahre überspringend, den Ort wechselnd, in meinem Gelände aus Sand, Kiefernnadeln und Schatten eine Rarität.

Das Kostbarste im Gepäck der auf Primelfährte reisenden Botaniker waren gewiss die unterwegs geernteten Samen. Wichtig ihr sicherer Transport nach Hause. Zu guten Händen. Nach geduldigen Anbauversuchen zeigte sich, dass neben den robusten Himmelsschlüsselabkömmlingen in unseren Gärten auch heikle Arten gedeihen.

Wer eine lehmig feuchte Schattenecke besitzt, darf es mit Glockenprimeln versuchen, *florindae*, auf 5000 Metern im Himalaja zu Hause. Sie blühen in unseren Breiten erst ab Juni. Leider nicht bei mir. Schatten könnte ich bieten, aber keinen feuchten Lehm.

Ach, hätte ich doch ein zusagendes Plätzchen für die sich selbst aussäende, in lockeren Etagen apart orange blühende *Primula cockburniana*. Auf dass sie wenigstens über das zweite Jahr bei mir bliebe.

Von der nicht minder schönen orangefarbigen *aurantiaca* sagt man, die Dauerhaftigkeit am Pflanzplatz sei besser als bei den anderen Arten der *candelabra*-Sektion. Am sichersten aber stehe in verschiedenen Farbtypen, wie es heißt: Jahr für Jahr, *treu aus Samen fallend*, die *japonica*. Vor 150 Jahren bei Hakodadi in Japan entdeckt, daselbst längst volkstümlich in den Gärten, allerdings feucht stehend, allerdings auf Lehm.

Ich habe gute Freunde, die auf einer Lehmscholle wohnen. Die schenken mir gewiss ein paar Eimer voll Lehm. Besser: Ich schenke ihnen mein Tütchen *Primula-japonica*-Samen, Sorte ›Valley Red‹. Blüht tiefkarminrot von Mai bis Juli. Danach fällt die *japonica treu aus dem Samen*, keimt und blüht bei meinen Freunden immer so fort, treu, weil dort Lehm ist.

Amor unit plantas

Er war klein, stabil und flink wie ein Eichhörnchen. Er hatte dunkle Augen. Seine Studenten liebten ihn, Leute seines Faches suchten seine Nähe, sie kamen zu ihm wie zu einem Orakel. Einer dieser Jünger sagte: Er las in Steinen, Gewächsen, Tieren wie in einem Buch. Er war einer der stärksten Observatoren, die wir gehabt. Er hatte ein enormes Gedächtnis. Er war ohne Neid, weder reich noch arm, doch mit Furcht vor Schulden.

Ulrika, meine schwedische Freundin und Übersetzerin, spricht von ihm, als wäre sie Carl von Linné persönlich begegnet. Das ist so in Schweden. Man kennt ihn.

Mir wurde im Schulunterricht einmal erklärt, warum auf den Schildern im Botanischen Garten hinter den meisten lateinischen Pflanzennamen ein L. steht. Man liest erst den populären Namen Gänseblümchen, darunter lateinisch *Bellis perennis* L. Es sei, weil der Botaniker Linné die Pflanzen lateinisch getauft und in verwandtschaftliche Beziehungen gebracht habe. Ihm sei eine brauchbare Pflanzensystematik zu danken, jeder auf der Welt weiß dank L., dass man bei den auf Grasplätzen und Wiesen wachsenden Compositae, wo die Blütenblätter von einem grünen Hüllkelch umgeben sind, von *Bellis perennis* L., also vom Gänseblümchen, spricht.

Linné, ein tüchtiger Schwede.

Er war fromm, sagt Ulrika, daher sein Ordnungssinn.

45

Man kann es auch umdrehen. Er fühlte sich geborgen, weil die Natur für ihn in Ordnung war.

Carl von Linné, Botaniker und Professor für Medizin und Naturgeschichte. Die Universität von Uppsala war über viele Jahre sein Lebensmittelpunkt. Er kam in die Stadt, um bei guten Lehrern zu studieren, doch schon nach den ersten Semestern übertrug man dem jungen Carolus Linnaeus die Leitung der botanischen Seminare. Damit wurde er auch für den Botanischen Garten verantwortlich. Er nahm es als Chance, die alten Anlagen ganz und gar umzugestalten.

Am Tage hielt er Lektionen, die Nächte nahm er zur Ausarbeitung des neuen Systems und der Reformation, welche er in der Botanik begonnen. Auch fing er an, seine Bibliotheca Botanica, seine Classes Plantarum, seine Critica Botanica und seine Genera Plantarum zu schreiben.

Eigentlich sollte er Pfarrer werden wie sein Vater. Der aber hatte, ohne es zu ahnen, sehr früh eine andere Saite in seinem Sohn zum Klingen gebracht. Wenn sie in der südschwedischen Heimat über Felder und Wiesen wanderten, wusste der Vater Merkwürdiges und Wunderbares zu erzählen: daß jeder Pflanze ein Name gehöre, und der Vierjährige versuchte, die Namen nicht zu vergessen. Danach auf dem Gymnasium in Wexiö, da hatte sich *der Bursche [...] verschiedene botanische Bücher verschafft, die er Tag und Nacht las, so daß er sie an den Fingern* [aufzählen] *konnte [...]. Mit einem Worte, der Knabe hatte eine innerliche Neigung zu einer Wissenschaft gefaßt, welche an diesem Orte und in dieser Zeit in Barbarei verborgen lag.*

Linné wurde Mitglied von 20 Akademien und Societäten. Die Berufung in die Französische und in die Akademie von Philadelphia schätzte er besonders hoch. Seine Schüler, Apostel, wie er sie nannte, bereisten die Kontinente, um sein Werk zu vervollkommnen und im Ausland bekannt zu machen. Mit Geschick brachte er Reisegeld zusammen, organisierte Mitfahrgelegenheiten, fand auswärtige Arbeitgeber. Osbeck ging als Prediger nach China, Hasselquist als Lehrer nach Ägypten. Brotarbeiten in der Hoffnung auf botanische Ausbeute. Sie schickten volle Expeditionskisten nach Hause.

Wer es möglich machen konnte, kam zwischendurch heim nach Uppsala oder später auf Linnés Anwesen nach Hammarby, um dem »Princeps Botanicorum« rätselhafte Fundstücke, Steine, Tiere, Pflanzen, vorzulegen, damit er sie benenne, beschreibe und schließlich einfüge in dieses einleuchtende System. Ordnung in der Natur.

Leidenschaft, die bis an Grenzen ging.

Einer seiner Apostel war in Arabien gestorben. In den Hinterlassenschaften des Toten habe man ein Gewächs gefunden, nach Balsam duftend, rätselhaft. Da habe Neugier vor der Trauer gestanden. Linné nahm die Pflanze unter die Lupe, er gab ihr den Namen *Amyris opobalsamum*.

Er war selbst monatelang als Botanist unterwegs. Seine erste Forschungsreise hatte er im Auftrag der Königlichen Societät der Wissenschaften antreten dürfen. Ziel: Lappland. Damit war ihm Ehre, vor allem auch Geld für die Weiterarbeit zugekommen. Der Fünfundzwanzigjährige trug einen Rock aus westgötischem Zeug, eine lederne Tasche, darin befanden sich: Mikroskop, Perspektiv, Tinte, Federbüchse, Fachbücher und das Notizbuch.

Längs des Weges sah ich in den Sandgräben einen gelben Byssus, sonderlich dort, wo der Wind nicht beigekommen, und gleicht in jeder Hinsicht dem Rahm auf der Milch, was die Bauern »Wasserblüte« nennen.

Am 13. Mai 1732 war er aufgebrochen, am 10. Oktober, Mittag um eins, kam er wieder in Uppsala an. Mit vollen Taschen und Tagebuchseiten. Er zeichne, er notiere nicht nur, um dem Gedächtnis zu helfen, sondern auch, um beim Niederschreiben das Beobachtete in überraschenden Zusammenhängen zu erkennen. Er notierte, was seine aufmerksamen Augen schauten. Schreiben half sehen. Wie die Bauern in den Schären das kommende Wetter weissagen: *die Krähen, die das Moor lieben, fliegen abends immer dorthin, wo am nächsten Morgen der Wind kommen wird, um dann nicht Gegenwind zu haben.*

3000 Briefe sind von ihm überliefert. Reden. Vorlesungstexte. Aufsätze. Wissenschaftliche Abhandlungen. Fünf Autobiographien. Dem Sohn hat er eine Textsammlung mit Reimen und Aufzeichnungen, die »Nemesis Divina«, gewidmet, in der er seine Überzeugung von einer sinnvollen Ordnung der Natur, eingeschlossen der Vorstellung vom sinnvollen Gang des irdischen Menschenlebens, zum Ausdruck bringt.

Ein professioneller Erzähler. So urteilt der Dichter Ossip Mandelstam.

Im Nachwort einer deutschen Ausgabe der »Lappländischen Reise« heißt es: *Man ist versucht, ihn einen Mozart der Naturwissenschaft* zu nennen. Seine Systeme hätten etwas *von der Durchsichtigkeit Mozartscher Musik.* Goethe stellte die Bedeutung des Schweden Carl von Linné neben die Shakespeares und Spinozas. Glaubensunterschiede spielen beim Betrachten der Natur keine Rolle. Ideen schweigen. Linné sah in der Natur einen Schöpfungsakt, der die Arten kaum veränderlich in die Welt gesetzt hatte, während Goethe die Natur in ewiger Bewegung glaubte.

Carolus Linnaeus reiste als junger Gelehrter nach Holland. Es war Pflicht, das Studium an einer auswärtigen Universität mit einem Vortrag und einem Disput abzuschließen. Er wurde als Leuchte seines Faches von wissbegierigen Botanici schon erwartet.

Man lud ihn gern überall ein, hatte Fragen und Aufträge. Er reiste nach England, Dänemark, Deutschland, Frankreich und wiederholt nach Holland. Seine Schriften aus der Studentenzeit waren inzwischen gedruckt und verbreitet worden. Er hatte nützliche Bekanntschaften gemacht, unterwegs seine Vorträge erweitert, holländische Gärten studiert und beschrieben. Er sollte mancherorts bleiben, aber er wollte nach Hause. Seit vier Jahren wartete eine Braut auf ihn.

Wir wanderten von Hammarby nach Uppsala zurück. 13 Kilometer schwedischer Sommer, Wiesen und Felder.

Ich trug im Rucksack Tapetenrollen für mein Arbeitszimmer. Ein graphisches Blütenmuster, von Linné entworfen. Erinnerungen stiftend, an sein Landhaus und an die Wochen mit meiner Freundin Ulrika.

Sie hatte mich in Uppsala durch die Universitätsgebäude mit dem alten Anatomischen Theater und durch den angrenzenden Botanischen Garten geführt. Schließlich waren wir eines Tages sehr früh am Morgen losgewandert, wir gingen zwischen Feldern und Wiesen, Wege zwischen hüfthohem schnittreifen Gras, es muss im August gewesen sein. Gegen Mittag dann auf felsigem Grund, von Bäumen geschützt, das Gut Hammarby. Farne begleiten den Weg vom Gatter zur Haustür.

Hier, in seinem Refugium, wo die Welt immer noch still und unbeschädigt war, konnte man sich das rastlos tätige Eichhörnchen am besten vorstellen. Augen, die etwas Unsichtbares entdecken. An einem Sommertag von morgens drei bis abends zehn am großen Tisch, wo sich Bücher stapeln, dicke Herbarien. Kisten sind aus Indien, aus Afrika oder Kamtschatka angekommen. Pflanzen, die in der neuen »Systema Naturae« schon einen Platz und einen Namen haben, die Allerweltspflanzen, die auch in Schweden und in Lappland und in Holland zu Hause sind, aber da sind vor allem auswärtige Unbekannte eingetroffen, Fremdlinge liegen auf dem Tisch, für die es noch einen Platz, den einzig richtigen im System, zu finden gilt.

Wiewohl Linnaeus gerade krank an Podagra war, als Kalm (aus Kanada) kam, stand er doch sogleich auf und fühlte keine Krankheit mehr, aus Vergnügen über die Pflanzen.

Wenn ein heimkehrender Apostel seine Sammlungen nicht zu ihm brachte, konnte der Professor ziemlich beleidigt sein. Er erwartete Treue, Leidenschaft für »Blomster-konungen«. Das System musste wachsen. In der angestrebten Vollständigkeit lag der Beweis. Linné maß, zeichnete, zählte die Staubgefäße, betrachtete die Anordnung der Fruchtstände. Teilte das diffizile Pflanzenreich schließlich in 24 Klassen.

Während seiner ersten Hollandreise 1735 war die Urfassung des »Systema Naturae« erschienen, 1759 erschien die zehnte Ausgabe.

Später haben andere Botaniker andere Ordnungsprinzipien gesucht, stützen konnten sich alle auf die vielen Tausend in ihrem Wesen und ihren Eigenheiten von Linné beschriebenen Pflanzen.

Die Universität Uppsala hatte den besten Ruf. Bei den Botanikern kannte man besondere Rituale. Über Sommer zog Linné zweimal in der Woche mit ein paar Hundert Studenten aus dem Ausland und wissbegierigen Herren aus Stockholm, in die Umgebung von Uppsala zum Botanisieren. Abends um neun kamen die Wanderer mit Pauken und Hörnern in die Stadt zurück.

Die Tour endete im Botanischen Garten, wo die von Linné geordneten Pflanzen und Bäume unterdes in die Jahre gekommen waren. In den Gewächshäusern gediehen Exoten. Ein Objekt der größten Bewunderung war eine früchtetragende Bananenstaude. Sie hatte sich durch genaue Temperaturkontrolle, dank des von Celsius (doch eigentlich von Linné!) erfundenen Thermometers, sehr gut entwickelt. *Musa paradisiaca* L.

Neben jeder Pflanze steckte ein Namensschild. Der Name sollte aus zwei Teilen bestehen, aus dem der Gattung und dem der Art. So war Ordnung in die bunte volkstümliche Vielfalt gekommen. Fischäuglein, Mäuseohr, Treiblimche, Blauleuchte, Alsine; für das Vergissmeinnicht gibt es auf Deutsch etwa 30 Namen. In Amerika heißt die blaublühende Pflanze manchmal Scorpion Weed, *alluding to be coiled flower cluster, another Mouse-ear or True Forget-me-not.* Nach Linné aber heißt die Pflanze mit dem weltweit gültigen Gattungsnamen *Myosotis*, dazu als genaues Attribut für die bei uns bekannteste Art: *palustris.* In Amerika wächst dagegen die Art *Myosotis scorpioides.*

Damit war den Botanikern aller Länder eine gemeinsame Sprache gegeben. Ein System der Verständigung, binär, Gattung und Art, lateinisch gebeugt. In der Zeit vor Linné hatten Pflanzenforscher ihre Entdeckungen mit irgendwie passenden Namen versehen. Manchmal würdigten sie verdienstvolle Persönlichkeiten. Leonhart Fuchs, der ein Kräuterbuch herausgegeben hatte, wurde mit einer Pflanze, die wir unter dem Namen *Fuchsia* kennen, geehrt. Nach Matthias Lobelius, der die Pflanzen nach ihrem Aussehen in Gruppen eingeteilt hatte, wurde die Gattung *Lobelia* benannt. Linné gab einer Spezies der Gattung *Tulipa* den Namen des Schweizer Naturforschers Conrad Geßner. *Tulipa gesneriana* L.

Linné hatte sich selbst ein Pflänzchen erwählt. Es wächst im schattigen Nadelwald, am liebsten versteckt im Moos, mit kleinen lackgrünen fein gekerbten Blättchen, es bildet

Amor unit Plantas

kriechende Ausläufer, aus denen in Abständen aufrechte Stängel sprießen, die oben mit zwei bis vier gegenständig rosafarbenen Blütenglocken besetzt sind. Ich habe das Pflänzchen abends wunderbar duftend im Wald in der Nähe von Hammarby gefunden, ein anderes Mal bin ich ihm am Nachmittag in einem Café in Uppsala begegnet, unter köstlichen Erdbeerwaffeln mit Sahne als Streublümchen auf einem Kuchenteller.

Die Zwillingsglocke soll außerdem in Nordamerika und in den feuchten Wäldern im Harz um den Brocken herum zu Hause sein. *Linnaea borealis* L.

Agapanthus

Am Sonntag nach den Eisheiligen feiern wir jedes Jahr wie schon zu Preußens Zeiten auf dem Plateau vor der großen königlichen Orangerie im Park von Sanssouci ein Fest. An dem Tage werden die Palmen, die Orangen, die Zitronenbäume, auch Oleander, Fuchsien und *Agapanthus*-Kübel aus ihrem Winterquartier ins Freiland gebracht. Keine Nachtfröste mehr, jetzt kommt der Sommer. Die südlichen Gewächse sollen nun wieder Terrassen, Rondells und Parkwege schmücken.

Alte Geräte kommen zum Einsatz, Hofgärtnerinventar: Karren mit mannsgroßen Rädern, langen Holmen. Man kippt damit mächtige Palmen, hebt Pflanzen aus Kübeln, teilt mit Äxten und Sägen riesige verfilzte Wurzelballen.

Böttcher haben Handwerkszeug, auch Holzdauben mitgebracht, sie führen vor, wie man Pflanzbottiche baut, wie man fachmännisch böttchert, erklären, wie man die Holzkübel über die Jahre ordentlich pflegt.

Die Festbesucher kommen mit vielen Fragen. Ob man die kleinen Orangen essen könne, ob das normal sei, gleichzeitig Zitronenblüten und Früchte an einem Baum.

Die Orangeriegärtner, an diesem Tag arbeitstüchtig kostümiert mit Strohhut und grüner Schürze, zeigen Engelsgeduld. Jedes Jahr wundern sich Besucher über die schwertförmigen Blätter des *Agapanthus*, weil sie die Namen verwechseln, weil sie an das Säulenkapitell mit den gelappten, wirklich ganz anders aussehenden Akanthusblättern denken. Also noch einmal: *Agapanthus*, die Schmucklilie, hat mit dem *Acanthus mollis,* dem Vorbild für die antiken Kapitelle, absolut nichts zu tun. Familie, Gattung, Blattnerven, alles anders. Nur der Name ist ähnlich, sonst nichts.

Und warum wird die Schmucklilie in diesem Jahr wieder nicht umgetopft?

Eine interessierte Runde erfährt, der *Agapanthus* sei vor zwei Jahren umgetopft worden, er verweile in Wurzelruhe. Und deswegen, also wegen des schon längere Zeit ungestörten Wurzelwerks, würde man in diesem Sommer eine besonders üppige Agapanthusblüte erwarten. In etwa 60 Kübeln, bald zu finden an den schönsten Plätzen im Park. An den Römischen Bädern, am Schloss Charlottenhof. Blütendolden wie blaue Juwelen. Die Ruhe bringts.

Der *Agapanthus* sei eine pflegeleichte Schönheit. Das darf man glauben, denn das versichert ein Fachmann, der Spezialist Martin Pflaum, gelernter Gärtner, studierter Agrargeograph, langjähriger Chef der *Agapanthus*-Farm im nordrhein-westfälischen Dormagen. Züchter, Ratgeber, Mutmacher.

Die Pflanze sei schon allein deswegen liebens- und lobenswert, weil sie wenig Chemie brauche. Sie habe keine Feinde, oder soll man sagen, keine Freunde? Schnecken, Raupen und Wildkaninchen würden um den *Agapanthus* einen Bogen machen. Selten sitze mal eine Laus auf einem der saftigen parallelnervigen Blätter.

Im Sommer genüge gießen, ab und zu düngen, ein paar Tage Trockenheit machen dem *Agapanthus* nichts aus.

Zu einer weiteren guten Eigenschaft gehöre, dass er als Gartenpflanze zu Hause bleibe, er streue keinen Samen, er treibe im Freiland keine Wurzelausläufer, um zwischen anderen Pflanzen Terrain zu gewinnen. Der *Agapanthus* ver-

wildere nicht wie einige berüchtigte Strategen, Knöterich-
arten oder gar wie der gelbe Solidago.

Er sei ortsfest, er sei treu.

Der *Agapanthus* blüht von Juli bis in den September.
Manche Exemplare blühen ein zweites Mal, es gibt frühe
Sorten, die schon im Juni Farbe zeigen. Lauter Einzelblüten, die auf kräftigen Stielen geometrisch perfekte Dolden
bilden. Bälle. Fraktale. Vorbilder für modernes Lampen-
design. Blaue Feuerwerksblumen.

Mein *Agapanthus* folgt der Expertenmeinung leider
nicht. Aus der Erinnerung weiß ich, seine Blüten sind von
einem besonderen Blau, rührendem Enkelaugenblau,
pflegeleicht kann ich ihn nicht nennen. Wenn ich ihn aus
dem hellen kalten Winterquartier ins Freie hieve, scheint
es ihm erst einmal an nichts zu fehlen. Die Wurzeln sind
kräftig, die Blätter grün wie die Hoffnung. Ich dünge und
gieße.

So weit, so gut. Ich übe Geduld. Aber wenn dann im Gar-
tencenter blühende Töpfe auf den Stellagen stehen, fange
ich bei mir zu Hause an, zwischen den Blattschwertern
nach Knospen zu suchen. Nichts. Jedes Mal umsonst.

Ich verbiete mir, den Kübel jeden Tag abzugrasen. Augen
zu. Diskretion. Ein Trick, der einmal geholfen hatte. Beim
Kürbissamen im Mistbeet. Auch da wochenlang nichts.
Bis ich die Ecke absichtlich eine Zeit lang vergessen beziehungsweise gemieden hatte. Eines Tages, plötzlich, konnte
ich gleich zehn Kürbiskeimlinge zählen.

Beim *Agapanthus* versagten Diskretion, Geduld. Gebet.

Ich musste neidisch zusehen, wie die Knospen beim
Nachbarn, auch überall im Park Sanssouci und am Wann-
see im Garten des Malers Max Liebermann zwischen den
Blättern hervorsprossen. Und bald die Blütendolden, dieses
himmlische Blau.

Man kennt weltweit etwa 530 Sorten. Weil sich die Nachkömmlinge des *Agapanthus* gut miteinander kreuzen lassen, gehen die Formenmerkmale der Sorten fließend ineinander über. Auch die Farben spielen auf der Palette von Weiß bis ins dunkle Blau, Sorte ›Black Magic‹ geht von Lilablau bis ins Schwarz. Es geschieht, dass Züchter ihre Geschöpfe auf denselben gerade modernen Namen taufen. Magic. Wie Eltern ihre Kinder nach einem Kinohelden. »Kevin allein zu Haus«. Kevin, ein Name, der nichts über das Aussehen, gar über den Charakter verrät.

Inzwischen wurden Sorten mit gestreiftem Laub, auch welche mit gefüllten Einzelblüten gezüchtet. Es gibt Zwerge von 20 Zentimetern und Riesen mit zwei Meter hohen Stielen. Manche Blütenstängel wogen im Wind, manche blühen in den Kübeln steif und stolz wie ein Strauß blauer Glaskugeln. Eine Sorte duftet sogar. Nach Lilien vielleicht? Denn schließlich ist die *Agapanthaceae* in einer Unterklasse mit den Lilien verwandt.

Ich kann dem *Agapanthus* in meinem Garten keinen Platz in voller Sonne bieten. Hohe Kiefern werfen Schatten, außerdem regnet es rund ums Jahr Kiefernnadeln, die den Boden sauer machen. Gut für Rhododendren. Schlecht für die kräftige Kübelpflanze?

Warum wollte mein *Agapanthus* nicht blühen?

In der Fachliteratur habe ich in diesen Tagen eine Erklärung gefunden. Es heißt, dass sich schon im Winter, in der vermeintlichen Ruhezeit, tief im Gewebe verborgen, die Zellen differenzieren, die einmal die Knospe und später die Blüte hervorbringen werden. Die Zellbiologen nennen das induzieren. Die Zündung geschieht, das muss man wissen, durch einen Kältereiz, schockartig oder wie durch einen kalten Blitz. Vom Augenblick an startet das volle Programm, läuft »Blütensommer« mit Knospen, Blüten und im weitesten Sinne mit allem, was dazugehört, Schmetterlingen, Hummeln, Bienen.

Die größten Dolden haben bis zu 250 Einzelblüten und im Herbst genauso viele fächerförmig gegliederte Fruchtkapseln, in denen flache schwarze Samen reifen. Eine neue *Agapanthus*-Generation, viele Pflanzen, die allerlei Geheimnis in sich tragen.

Um einen *Agapanthus* mit den Eigenschaften des Vorfahren zu ziehen, ist es ratsam, durch Wurzelteilung zu vermehren. Profis schaffen verlässliche Nachkommen durch Meristemvermehrung.

Ich weiß nun, mein *Agapanthus* braucht keinen anderen Sommerstand, er braucht vielmehr ein besseres Winterquartier, ein kälteres, unter 10 Grad, es darf sogar über kurz noch kälter sein. In der Orangerie haben die Kübel ziemlich frostig auf Fensterbänken gestanden, die immergrünen Blätter dicht am Glas.

Die Heimat des *Agapanthus* ist Südafrika.

Africanus und *praecox*, beide immergrünen Arten gedeihen noch in 2000 Metern Höhe. Auch die frostfesten Arten, *campanulatus* und *inapertus*, die im Winter die Blätter einziehen, haben in der Kap-Region ihren natürlichen Lebensraum.

Im 17. Jahrhundert, während der niederländischen Kolonialzeit, sind die blauen und weißen Blumen, die auf Xhosa »Isicakathi«, auf Zulu »Ubani« genannt werden, zum ersten Mal in holländischen Gärten angebaut worden.

Der französische Amateurbotaniker Charles Louis L'Héritier de Brutelle kreierte einen neuen allgültigen, wissenschaftstauglichen Namen. Er setzte die beiden altgriechischen Worte »agápe« (Liebe) und »ánthos« (Blüte) zusammen. *Agapanthus*.

Inzwischen haben sie überall auf der Welt, wo es schöne Sommer und im Winter helle, dabei aber unbedingt ziemlich kalte Keller gibt, Gastquartiere bei treuen Liebhabern gefunden.

Manche vielfach durch Teilung verjüngte Pflanze wurde als Erbstück an Enkel weitergereicht. Ururgroßmutters Terrassenliebling, ein blaues Signal, Schmucklilie oder Liebesblume, kräftige Wurzeln in einem selbst getöpferten Tontrog, der schon Risse zeigte. In den Jahren darauf musste der Trog mit Draht zusammengehalten werden. Die Wurzeln trieben, sprengten die Risse und das Haltegeflecht. Der alte Trog war nicht mehr zu retten. Kleinere Tontöpfe nach Zahl der Enkel stehen bereit.

Flower of Love

Der Amarant ist bei uns einjährig, er wächst rasch, mit kräftigen Stängeln und krautigen Blättern, er blüht und vergeht in wenigen Monaten wie Tabak und Hanf. Trotzdem ist der Pflanze ein wohltönender Name zugefallen, sie heißt wie ein Gott »a maraino«, der »nicht Welkende« oder der »Unsterbliche«.

In einem mittelalterlichen Madrigal wird die schnellwüchsige Pflanze geheimnisvoll zur Flower of Love. Roter Amarant steckt in einer Blumengirlande für Julia. *I am The Flower of Love, named Amaranthus.*

Wie mag die Pflanze wohl zu diesen Würden gekommen sein?

Für Wein- und Ackerbauern, besonders für die mit Zuckerrübenfeldern, hat das Ewige, das aus dem Namen spricht, eine eigene Bedeutung. Für sie steckt der Teufel in diesem Kraut. Die Pflanze stirbt nach einem Jahr, aber ihre Samen sind unverwüstlich.

Amaranthus retroflexus gilt sogar als Charakterpflanze der Unkrautgesellschaft auf stickstoffreichen Hackfruchtfeldern, denn The Flower of Love fühlt sich besonders wohl in der Nähe von Rüben. Die Samenkörner überstehen sehr harte Winter, sie keimen zuverlässig in jedem Frühjahr, bei Trockenheit und Nässe.

Das Ackerunkraut mit dem schönen botanischen Namen kommt eigentlich aus Amerika. Die Farmer nennen die

Pflanze aus ehrlichem Herzen pigweed, also Saukraut. In Europa hatte sich der Amarant erst mit den Schiffsverbindungen über die Ozeane angesiedelt, bevorzugt, wie man beobachten musste, auch auf Feldern. Fuchszagel. Saugras, dort wie hier ein Wüstling.

Der Garten-Amarant war im 16. Jahrhundert wahrscheinlich über Ostindien oder über das tropische Afrika in die europäischen Botanischen Gärten gekommen. Der Londoner Arzt und Botaniker John Parkinson beschreibt im »Theatrum Botanicum«, einem Kompendium bekannter Pflanzen, *gantz rothen Amaranthus.*

Im »Hortus Berolinensis« wird die Anwesenheit von *Amaranthus* im Botanischen Garten zu Berlin vermerkt.

Gerade in dieser Zeit waren in den Renaissance- und Barockparks der Residenzen farbenfrohe Lustgärten in Mode gekommen. Man pflanzte Ziersträucher, gestaltete Blumenrabatten. Dort passte der Fremdling hin, da wurde er gern aufgenommen, nicht wie eine edle indische Blume, sondern wie eine zottelige fröhliche Narrenfigur. Ein Pflanzenkomödiant mit sehr kleinen Einzelblüten, die sich achsel- oder endrispenständig zu einem Knäuel, manchmal zu Scheinähren zusammenschließen und auf diese Weise kuriose Formen bilden. Rote, grüne oder elfenbeinfarbene Fuchsschwänze, Hahnenkämme, Marienzöpfe. Im englischen Volksmund: love lies bleeding.

Man hatte Spaß mit *Amaranthus caudatus.* Später, als die Architekten der Parks und Grünanlagen in den Städten mehr auf geometrische, farblich reine Flächenwirkung bedacht waren, als schließlich die einheitlichen Tulpen-, Rosen-, Chrysanthemenangebinde beliebt wurden, verlor der Amarant seine Anhängerschaft. Er wurde zur Ausnahmeerscheinung, eine Zeit lang hatte er gar keine Chance mehr.

Wer kannte schon den Fuchsschwanz?

Ein rötlich blühendes Gras, das auf Bergwiesen wächst, wird in manchen Gegenden Fuchsschwanz genannt. Dieses Gras steht aber dem Amarant im Pflanzenreich verwandtschaftlich sehr ferne. Man verwechselt da *Celosia*, eine Topf- und Rabattenpflanze, die seltsame gelbe oder rote hahnenkammförmige Scheinblüten bildet, mit dem alten Komödianten. Die *Celosia* gehört wenigstens auch zur Familie der *Amaranthaceae*. Aber sonst, ein Irrtum.

Der richtige Amarant-Fuchsschwanz tauchte höchstens noch in Bauerngärten auf, wo er sich immer wieder selbst aussäte und einfach auf buntem Terrain zwischen Stauden und Gemüse geduldet wurde.

Wie es so geht im Lauf der Zeit und der Moden, so ein toleranter Bauerngarten ist unterdes ein bewundertes Biotop geworden, in ihm lebt, wie einst auf Rondellen und Rabatten, barocke Fülle und Vielfalt. Mit gleichem Wohlgefallen entdeckt man in den Gemälden alter Meister vergessene Pflanzen.

Blumen erleben ihre Renaissance. Bei Floristen sind gerade mal wieder bizarre Sträuße mit Farnen, Rotkohl, wenn vorrätig auch mit kuriosem Amarant, gefragt.

Zum Glück haben Züchterspezialisten den *Amaranthus* nie aus dem Auge verloren. Neue Sorten können bewundert werden, wo sich die unscheinbaren Einzelblüten zu fröhlichen oder auch zu gediegenen Formen fügen, zu seidenen Kordeln, plüschigen Gehängen, manche sehen aus wie gestaffelte Kerzen, wie Triumphfedern auf Götterhelmen, Buketts in antiken Tempelvasen. Pompejirot, seladongrün, Farben wie von Rembrandts Palette.

Buschige Amaranten der *caudatus*-Art zieren über den Sommer das Parterre vor dem Schloss Sanssouci. Der Beetschmuck soll hier jedes Jahr überraschen, stets mit anderen

Pflanzen, anderen Farben, barocken Formen, aber Amarant gehört immer dazu.

Diesmal steht *tricolor*, auch Papageienfelderle genannt, schon in Kisten zum Auspflanzen bereit, eine Art mit gelbem, rotem, grünem Laub, die als bereichernde Zier einst geradenwegs aus Ostasien in die Barockgärten nach Europa gekommen war. In ihrer Heimat wurde die Pflanze gekocht oder frisch als Salat gegessen. Amarant, schön und gesund.

Vor dem Parktor von Sanssouci, im Bioladen in der Hegelallee, kann man Amarant in Pfundtüten kaufen. Körnchen wie Stecknadelkuppen, wahrscheinlich schon vor 5000 Jahren ein Hauptnahrungsmittel der Azteken, später in den Töpfen der Inkas. Amarant machte satt, fromm und gesund. Seine Inhaltsstoffe, darunter die Farbe Rot, hatten unverzichtbaren rituellen Wert, sie besänftigten zürnende Götter, sie brachten Neugeborene unter göttlichen Schutz, zudem machten sie Kranke wieder gesund.

Mit dem Einzug der katholischen Kirche in Mexiko wurde der Anbau von *Amaranthus* verboten, man wollte mit der Pflanze auch gleich die altansässigen Rituale ausrotten. Ein Christ isst Gänsebraten und Pfefferkuchen. Was 5000 Jahre währte, verschwand in kurzen 400 Jahren. Speisen, Maskentänze und Götter.

Neuerdings kümmert sich die Bioladen-Forschung um die Evaluierung traditioneller Nahrungsmittel. Ganz vorn steht das verlorene Gut der Azteken und Inkas, der Amarant.

Im Standardwerk »Vom Garten-Baw« des brandenburgisch-kurfürstlichen Hofbotanicus Elßholtz wird eine der göttlichen Eigenschaften des Amarants erklärt, man könne ihn, wenn er abgestorben sei, gleichsam wiederbeleben. Der Amarant sei eine Pflanze, die sich gut trocknen lasse, wenn man aber die toten Stängel irgendwann ins Wasser tue, *bekommen sie die Höhe ihrer lebhafften Farbe so schön wieder, als wan sie allererst abgebrochen wären.*

»A maraino«, ein Unsterblicher, wie man sieht.

›Gloria Dei‹

Die ›Gloria Dei‹ ist wieder da. Das ist eine gelungene Überraschung.

In der Rosenzeit bin ich Stammgast bei »Mutter Fourage«. Ich bin bekannt als eine, die schnuppernd den kleinen Laden betritt. Der Gärtner nickt mir zu, er kennt mich, er kennt meinen Garten, saurer Kiefernwald, Sand, wo keine Rosen gedeihen. Er weiß, dass ich in der Rosenzeit nicht ohne Rosenstrauß nach Hause gehen kann. Wenigstens eine duftende Freilandrose soll mich beglücken. Ich suche mit der Nase. Meine Favoritin ist ›Augusta Luise‹. ›Chippendale‹ riecht auch ein bisschen nach frischer Erde und Sommer.

Riechen Sie mal hier. Die habe ich neu.

An diesem Tag wickelt mir mein alter Bekannter in seiner behutsamen Art eine leicht geöffnete gelbe, rötlich getönte Knospe mit kräftigem Stiel in Zeitungspapier, eine ›Gloria Dei‹. Die wird Ihnen Freude machen. Sie geht bestimmt auf, hält sich lange, noch jedes abfallende Blütenblatt duftet nach Rose.

Der Mann muss mir nichts erzählen. Ich kenne die Rose ›Gloria Dei‹ seit ihren Schöpfungstagen. Sie blühte zwischen Gemüse und Beerensträuchern auf unserem urbar gemachten Brachland.

Ich frage mich heute, wie eine Rose, gerade geboren, aus der Provence, der Heimat des Züchters Francis Meilland, so rasch im Chaos des Kriegsendes ins zerbombte Dresden gelangen konnte. Die Rose, ihr Duft, war für mich in den langen Kindheitssommern zum Inbegriff des Friedens geworden. ›Gloria Dei‹ tönte wie Glockengeläut. In den Trümmern herrschte Hunger nach Brot, aber auch Hunger nach Duft, Farbe und herzerwärmenden Geschichten.

Die neue Sorte hatte sich rasch in Europa verbreitet, überall in der Welt, wo der Boden gut und das Klima günstig waren für Rosen. In den ersten Friedensjahren wurden 30 Millionen Setzlinge verkauft.

Wichtige Arbeiten und Entscheidungen lagen noch vor der finsteren Zeit.

Im Sommer 1939, zur Rosenblüte, fand eine internationale Rosenzüchtertagung in Frankreich statt. Bei den Meillands in Tassin/Provence standen in diesen Tagen die Rosen besonders schön, ganz ausgezeichnet jene neueste Züchtung, die im Arbeitsbuch die Nummer 3–35–40 trug. Die Gärtnerfamilie beschloss, Rosenexperten, die zur Tagung nach Paris gekommen waren, zu sich nach Hause einzuladen, Freunde aus Italien, aus Deutschland, Robert Pyle aus Pennsylvania.

Es müssen noch hoffnungsvolle und weinselige Tage in Tassin gewesen sein. Alle wünschten, so ein Treffen unbedingt zu wiederholen, auch um den Glücksfall »3–35–40« wiederzusehen, um bald diese Rosenerscheinung unter ihren heimischen Anbaubedingungen zu testen. Doch wenige Wochen später brannte die Welt. Die Meillands schickten schnell noch Pakete mit »3–35–40« nach Deutschland und Italien. Das Paket in die Türkei kam nicht mehr an. Der amerikanische Konsul bat vor seiner Ausweisung aus Frankreich im letzten Augenblick um ein Päckchen für Robert Pyle.

So gelangte die Rose in unterschiedliche Klimazonen.

»3–35–40« wurde von den Züchtern sorgfältig gehegt und geprüft. Die Nummer gedieh.

Die neue Rose war nun reif für den Schritt in die Baumschulen. Ohne Namen, nur mit Nummer, das war unmöglich. Also wurde die Neuzüchtung in den jeweiligen Ländern notgetauft.

In den USA erfolgte die Namensgebung am Ende des Krieges. Als im Mai 1945 zum ersten Mal die Vereinten Nationen tagten, wurde jedem Delegierten feierlich und verpflichtend eine Rose überreicht, jene Züchtung aus Frankreich, gelb mit kupferrötlichem Anflug, eine Rose mit Namen ›Peace‹.

Die Meillands erhielten nach langer Zeit ein Lebenszeichen von Robert Pyle, anbei eine Nachricht über »3–35–40«. Senior Antoine Meilland freute sich über das Geschick der Rose, auch über die verschiedenen Namen: ›Gloria Dei‹ in Deutschland, ›Gioia‹ in Italien, ›Peace‹ in der Englisch sprechenden Welt. Er bedankte sich und schrieb auch im Sinne seines Sohnes Francis: ... *aber hier in Frankreich soll unsere Rose blühen im Andenken an eine geliebte Mutter und Frau, sie soll hier ›Mme A. Meilland‹ heißen.*

Die Rose mit den vier Namen ist eine Teehybride mit den Vorfahren ›Georges Dickson‹, ›Sir de Claudius Pernet‹, ›Margaret McGredy‹, hinzu tritt ein Namenloser, dessen Eltern aber bekannt sind. Alles noch nach alter Ordnung wie im Kirchenbuch.

Die Sorte wurde gleich nach ihrem öffentlichen Auftritt mit der Portland Goldmedaille ausgezeichnet. Es folgten weitere Preise. 1976 erhielt sie die höchste Ehre, sie wurde »Rose Favorite du Monde Entier«. Weltrose. Erstes Mitglied der Hall of Fame.

In dieser Zeit gedieh sie bereits in meinem Groß-Glienicker Garten. Wir wussten von all den Ehrungen nichts, ich pflanzte in gute Erde, und sie musste mit ihrer ganzen Schönheit und ihrem warmen Sommerduft gegen den Beton der Berliner Mauer stehen.

Jahrzehnte später, ich wohnte unterdes in besagtem Waldrevier, entdeckte ich während eines Spaziergangs im verlassenen Grenzgebiet unter einem Pflaumenbaum meinen Rosenbusch, beide knorrig schief, ringsherum Brombeergebüsch. Die ›Gloria Dei‹ hatte durch die Zeiten geblüht.

Vergessen.

Ein typisches Schicksal. Die Masse macht die Masse gemein. Nur wenige bleiben alten Hüten treu.

Die ›Gloria Dei‹ gab es inzwischen in großer Auflage aus Sebnitz / Sachsen als Seidenblume. Für die Rummelplätze wurde sie sogar aus Papier oder aus Polyamid gemacht, so klemmte sie, gelbrötlich, in Keramikröhrchen an den Zielwänden der Schießbuden.

Die Sebnitzer Blimelmacher waren stolz, dass die englische Königin die Seidenrosen liebte, wir lehnten den künstlichen Zauber aus der Kunstblumenbude hochmütig ab. Mit der Blume aus Seide und Papier auch gleich eine Zeitlang das Vorbild, die ›Gloria Dei‹, die Teehybride im Garten. Schießbudenblume.

Unzählige neue Rosensorten blühten Jahr für Jahr in den Schauanlagen. Der traditionsreiche Zuchtbetrieb der Meillands erschien einmal mehr auf der Liste der schönsten Rosen der Welt. Diesmal mit einer neuen dunkelroten Sorte, duftend wie der Frühsommer, etwas nach Honig, *avec une légère note de fonde citronnée*, sie hieß ›Papa Meilland‹, vom Sohn gezüchtet, benannt ausdrücklich zu Ehren des Schöpfers der ›Gloria Dei‹!

Ich verabschiede mich im Blumenladen. Nehme meinen Korb und das Zeitungsbündel. Es ist schön, dass die ›Gloria

Dei‹ wieder da ist. Man konnte es ahnen, wie die Auferstehung des Pfennigabsatzes und der LP. Ich würde ja nächstens gerne mal ›Papa Meilland‹ schnuppern.

Die kommt noch, die blüht etwas später, aber auch wunderbar. Man muss schon sagen, eine Rose ist eine Rose ist eine Rose ist bald.

Suche nach der blauen Blume

Lichtblau und hoch soll sie sein, die rätselhafte Blume.

Man darf sie sich auf feuchtem Grund, an einer verborgenen Quelle denken, mit großen aus der Dunkelheit glänzenden Blüten. Man braucht erst einmal nicht nach einem volkstümlichen Namen zu suchen oder gar nach einer Benennung, wie sie die Botanik vorschreibt, denn sie ist ein Traum.

Die blaue Blume wurde zuerst von Novalis, dem Dichter der Romantik, in einem Roman über einen jungen Minnesänger beschworen, später von Gleichgesinnten weitergeträumt, zum Beispiel von Eichendorff in einem Gedicht. Der Taugenichts suchte die blaue Blume, er fand sie nicht. Wie sollte er etwas finden, das keinen Namen hatte. Es war ja ein Traum.

Ist nicht jeder, auch der verworrenste Traum, [...] ein bedeutsamer Riß in den geheimnisvollen Vorhang [...], der mit tausend Falten in unser Inneres hereinfällt?

Im Roman über den jungen Minnesänger sprechen Vater und Sohn miteinander. Der Sohn schildert seinen Traum, den er in der vergangenen Nacht geträumt, er sei einer blauen Blume begegnet. Man redet darüber, wie stark manchmal das gemeine Leben in den Träumen geistert.

Das Blau des Alltags blüht in der Nacht.

Wir dürfen uns fragen, ob dem Dichter Novalis in den Jahren, als er die blaue Blume beschwor, ein bestimmtes

Alltagsblau gegenwärtig war. Vernahm er am Schreibtisch in Weißenfels ein Farbtonecho? Von gestern? Vom Feld?

Hat die Blume womöglich doch einen Namen?

Ich sage, sie heißt Rittersporn.

Ich glaube daran, denn der Feld-Rittersporn war seinerzeit ein auffällig leuchtend blau blühendes Ackerunkraut auf weiter sächsisch-thüringischer Flur, wo Novalis als studierter Geologe Tag für Tag Touren unternahm, um Braunkohlelager zu erkunden. Die blauen Felder ein Augenflimmern. Und in den Blumengärten tönte es ebenfalls blau. Rittersporn, eine neue Gartenstaude. Staudenhändler hatten sie mitgebracht, wahrscheinlich aus Ungarn.

Das mehrjährige mit dem Ackerkraut verwandte prächtige Gewächs war ein Ereignis in Europa. So ein strahlendes, dabei sanftmütiges Blau hatte es bisher in den Gärten nicht gegeben. Es leuchtete ab Sommerbeginn anderthalb Meter hoch über sämtliche Gemüse- und Blumenbeete. Tönte im damals neu angelegten Hausgarten in Weißenfels. Vom blauen Rittersporn musste man träumen und dichten.

Der Traum eine Schutzwehr gegen die Regelmäßigkeit und Gewöhnlichkeit des Lebens [...]. Ohne die Träume würden wir gewiß früher alt [...].

Der Rittersporn ist eine mehrjährige Pflanze, die aus handförmigen Blättern zu hohen Blütentrauben emportreibt. Von Ferne sind es blaue Strahlen, in der Nähe stellen sich die einzelnen Blüten als seltsame Wesen dar, denn eines der fünf Kelchblätter bildet nach hinten einen komischen Schlund. Mancher sieht darin den Sporn eines Ritterstiefels, ein anderer eine Marienträne oder eine Römernase, ein Täubchen in der Chaise oder, in mediterranen Gegenden, einen Delphin. Auf den Delphin haben sich schließlich die Botaniker geeinigt. Die vielen Wildarten sowie die hinzugekommenen Kulturformen haben in Fachkreisen einen gemeinsamen Gattungsnamen, *Delphinium*. Die Gattung gehört zur großen Familie der Hahnenfußgewächse.

Der Feld-Rittersporn, das Ackerkraut, ist einjährig. Es ist in der Landschaft durch die Unkrautbekämpfungschemie inzwischen selten geworden. Kein leuchtendes Blau mehr auf unseren Feldern.

In den »Metamorphosen« des Ovid kann man nachlesen, woher diese Rittersporn-Art ihren Namen haben könnte. Sie sei, hyazinthenblau, hyazinthengleich, aus dem Blut des verzweifelten Ajax gewachsen, auf ihren Blüten, genau auf der Mittellippe des Honigblattes, könne man noch den Wehe- und Klageruf »Al Al« lesen. Eine Pflanze mit tiefen Wurzeln. Blume aus dem Blut des Ajax. Von Hummeln geliebt und umschwirrt.

Neuerdings trägt *Delphinium ajacis* einen anderen lateinischen Namen. *Consolida ambigua*. Die Wissenschaft gewann vor der Ajax-Legende. Mit Vorbehalt, wie es in den Schriften der Botaniker heißt, denn noch weiß niemand genau, wer mit wem verwandt ist, in welchem Verhältnis Gattungen und Arten zueinanderstehen.

Die meisten Gartenstauden gehen auf den winterharten Bergrittersporn, *Delphinium elatum*, zurück.

Der Staudenzüchter Karl Foerster hat diese Pflanze von Jugend an geliebt. Mit seinen Züchtungen begann in Bornim bei Potsdam die wirklich große Zeit der blauen Blume. Eine sagenhafte Zahl neuer Sorten hat er zum Blühen gebracht. ›Gletscherwasser‹, ›Kirchenfenster‹, ›Schiffsjunge‹, ›Sturmpfeiler‹, ›Mondsee‹, ›Nostradamus‹.

Die Namen, mit denen er sie aus der Taufe hob, erzählen schon einiges von seinen züchterischen Eingebungen und Hoffnungen. Karl Foerster suchte nach einem Blau, das

Enzian und Kornblume überstrahlt, suchte nach stabilen Wuchsformen, die keine Anlehnung mehr brauchten, keine Stützen, kein Gerüst. Windsicher, mehltaufest, stielfüllig sollten seine neuen Sorten sein. Er verglich seine Züchtungen mit Orgelpfeifen und gotischen Türmen, der Rittersporn im Garten sei die Kirche im Dorf. Er teilte die Stauden in frühe und späte, in solche, die einen guten Nachflor brachten, wo die unteren Blüten so lange hielten, bis auch die oberen aufgeblüht waren.

Als Praktiker und poetischer Schwärmer hielt er im Radio Vorträge. Der Rittersporn sei eine Lichtstaude, ein Zauberer in den Gärten, er brauche Kuh- oder Pferdemist zum Gedeihen.

1929 erschien ein Heft mit Gedanken und Ratschlägen zum »neuen Rittersporn«, Untertitel: »Geschichte einer Leidenschaft«. Er empfahl die robusten Sorten. Heikle Sorgenkinder behielt er in Obhut. Blau ist nicht immer blau. Es wechselt in der Sonne oder unter Wolkenhimmel seine Farbtemperatur. Blau wird violett. *Weltentief verschieden ist der Wesenscharakter aller Rittersporndsorten. […] Träume und Ideale stehen neben Wesen, die ernst und schwer an ihrer Schönheit tragen.*

Inzwischen sind Jahrzehnte vergangen. Nachfolgegenerationen haben den Sortenschatz übernommen. In jedem Frühjahr strömen Staudenkäufer, nicht zuletzt Rittersporn-Liebhaber, nach Bornim. Der Parkplatz neben dem denkmalgeschützten Senkgarten und der Staudengärtnerei ist dicht besetzt. Die Besucher kommen von weit, man hört fremde Sprachen.

Mit Karren und Körben geht der Pilgerzug an den Stellagen entlang. Abwägend: azurblau, stahlblau, himmelblau, opal. Wie wäre es mit einem weißen spät blühenden chinesischen Zwerg für den Steingarten. Der Verkauf ist längst auf Selbstbedienung umgestellt worden. Da kann es geschehen, dass die Pflanzen in den Kisten durcheinandergeraten, es kann geschehen, dass der weiße Zwerg im Steingärtchen zum dunkelblauen Riesen gedeiht.

Der wilde Bergrittersporn ist eine sesshafte Pflanze, denn er ist giftig, kein Futter für Tiere, seine Samen sind keine geflügelten Spielzeuge für den Wind. Deshalb brauchte er Jahrhunderte, um zum Beispiel über die Berge von Graubünden bis in den Kanton Glarus zu wandern.

Der Gartenrittersporn reist mit dem Auto.

Die Staudensetzlinge sind unterwegs von Bornim nach Wien, um eine Terrasse zu schmücken, oder in die Oberpfalz ins neue grüne Gehege von Clemens Zahn. Eigentlich ist er Fotograf, vor ein paar Jahren, angestiftet durch Besuche im Foerster-Refugium, ist er zum leidenschaftlichen Rittersporn-Gärtner und damit zum besten Sortenkenner geworden. Seine Ladung erregte auf der Autobahn den Argwohn der Polizei. Erklärung: Die Blätter des Rittersporns ähneln für einen sehr blutigen Laien denen der Cannabispflanzen.

Der Irrtum hat sich mithilfe des Staudenkatalogs leicht aufklären lassen, die Jungstauden sind gut in der Oberpfalz angekommen, sie haben sogar schon üppig geblüht.

Manche Sorte gab dem Spezialisten Rätsel auf. Den Wuchshöhenrekord konnte man dem guten Pferdemist zuschreiben, das Etikett hatte einen Meter versprochen, Farbe: Gletscherblau. Man vergleicht das Foto der Sorte, man legt die dunkelblaue Blüte daneben, geht aus der Sonne in den Schatten. Täuscht das Auge oder das Licht?

Clemens Zahn experimentiert mit der Blaupalette. Stimmen frühere Fotos und die Blütenfarbe überein, dann trägt die Sorte offensichtlich ihren zuerkannten Namen, ›Berghimmel‹, ›Leuchtturm‹. Zweifel sind angebracht.

Karl Foerster hat seinen Züchtungen Steckbriefe mit-
gegeben. Zur Sorte ›Leuchtturm‹ heißt es: *Trägt ungestützt
windsicher, warm-himmelblaue, schwarzgrün-gesternte Rispen von großer Vollkommenheit über mehltaufreiem Laub. Die
Pflanze ist eine Verbesserung der Vorgänger, deren Blüten in den
oberen Teilen der Rispe unharmonisch zusammengedrängt waren. [...] 190 cm.*

Wer kann helfen? Wo im Garten blüht ›Leuchtturm‹,
›Tropennacht‹, ›Eisvogel‹, ›Sonntagskind‹, ›Kirchenfens-
ter‹, ›Blaue Grotte‹? Wer kennt ›Morgenstrahl? Rispen im
Halbschatten mit rosa Tönung?

Es möge gelingen, die alten Foerster-Sorten zu bewahren.

Die Suche nach der blauen Blume in den Tiefen der Zeit
hat sich gleichfalls als schwierig, wenn nicht als Wunsch-
bild erwiesen. Im sorgfältig begrünten Garten des Dich-
ters Novalis am Wohnhaus in Weißenfels blühen heute andere Blumen. Den Feld- oder Acker-Rittersporn muss man
hier jetzt rings auf den Feldern lange suchen, er steht sogar
schon in der Roten Liste unter den vom Aussterben bedroh-
ten Pflanzen.

Ich habe das Blau mit eigenen Augen woanders entdeckt.
Eines Morgens in Tibet, an einem Berghang 150 Kilometer
nordöstlich von Lhasa, nach einer kalten Nacht im Zelt, aus
dem ich mit den ersten Sonnenstrahlen gekrochen war, um
mich rings um das Klostergelände der Gelbmützen-Mönche
von Reting warmzulaufen.

Ich rannte quer zum Berg in einem grasbedeckten lichten Wacholderhain, plötzlich stand ich vor einem meter-
hohen Gewächs, einer Rispe mit blauen Blüten über dun-
kelgrünem Laub. Mir hüpfte das Herz. So weit von zu Hause
so ein Zeichen. Rittersporn. Der nächste und übernächste

war nicht weit. Blaue Ureinwohner der Himalajaregion. *Mein Begleiter stand bei mir, und sagte: Du hast das Wunder der Welt gesehn.*

Zeitmeisterei

Es gibt Wochen, da darf man den Garten nicht verlassen. Er braucht Wasser und auch Bier, damit die Schneckenplage darin ersäuft. Ich sammle an Partyabenden die Neigen aus Gläsern und Flaschen, baue aus einem tiefen Teller einen tödlichen Pfuhl.

Um die Plage auf andere umweltschonende, alkoholfreie, zudem sparsame Art zu bannen, drehe ich im Garten eine Runde, ich laufe schimpfend und drohend um das schützenswerte Gelände, ich mache es wie der Babylonier in der Geschichte vom Winzer Midas. Der Babylonier kannte vernichtende Worte aus einem alten Buch.

Leider überliefert der Dichter Lukian weder den Titel des Buches, noch welche Worte damals geholfen haben. Er berichtet aber, dass der Babylonier, einer von den Chaldäern, mit sieben deutlichen Worten alles kriechende Getier aus dem Weinberg des Midas vertrieben habe. Nattern, Schild-, Horn- und Schießschlangen, Kröten und Lurche, am Ende sogar einen alten Drachen. Gefräßiges Vieh. Salatschnecken, Schwarzschnecken.

Man müsste die babylonischen Worte kennen. Ich versuche es mit sieben bösen Beleidigungen, nehme dann wieder Bier.

Darauf setze ich mich in den Schatten. Mein Garten fordert in dieser Zeit außer dem Bier eigentlich nichts. Er wünscht nur eins: stille Bewunderung.

Er wirbt, er verpflichtet durch Schönheit. Besonders während der Rhododendron blüht. Er hält mich fest. Jetzt bloß nicht verreisen. Zuerst fesseln mich drei weiße Büsche, weiße Wolken, die sich auch am nächsten und übernächsten Morgen noch auf der Wiese türmen. Statt am blauen Himmel schweben sie über grünem Moos, Wolken mit einem rosa Hauch, die altbewährte Sorte ›Cunninghams White‹.

Eine Woche später zeigt sich in den hinteren Regionen karmesinroter Samt. Sorte ›Tausend und eine Nacht‹. Eine morgenländisch königliche Farbenglut. Schön wäre im Gegenspiel mit den weißen Büschen etwas mehr Raum für dieses Rot. Ich müsste die Schere nehmen, das Instrument mit den beiden langen eisernen Armen, das starke Äste butterweich heruntermäht. Es ist kinderleicht, mit diesem neuen Baumarktgerät den Wuchs der Büsche zu korrigieren.

Doch es kommt nicht zur Tat. Ich glaube, ich vergesse den Gedanken mit Absicht. Das Weiß gewinnt gegen Rot. Und so soll es bleiben.

Meine Bewunderung richtet sich nun sowieso zur anderen Seite des Gartens. Violett. Die Knospen der nächstfolgenden Blütenbüsche sind in diesen Tagen größer geworden, sie zeigen erste Farbe, sind jetzt schon prächtige Ornamente, lauter tropfenförmige Laternen. Das Strauchwerk hat sich zu einem einzigen Busch zusammengeschlossen. Ein violetter Wall, hinter dem wir mit unseren Sommermöbeln bald verschwinden. Eine dankbar treibende, nachwurzelnde Sorte.

Mit diesen guten Eigenschaften stehen sie nun hier und da und auch an anderen Stellen, bedecken Wegsteine und Treppen. Überall violette Gewänder. Prozessionen. »Parsifal«. Dritter Aufzug. *Enthüllet den Gral – öffnet den Schrein! Erlösung dem Erlöser!* Mein Garten feiert Frühjahr und Fastenzeit.

Die violetten Sorten beenden das Rhododendren-Jahr und eigentlich damit die Blütensaison in meinem Garten. Danach wird nur noch gegrünt. Laub- und Nadelgehölze wachsen. Hoch oben in den Kronen streben die Bäume weiter hinauf. Lichtwärts, Richtung Sonne. Die Kiefern werfen mit Zapfen.

Nun könnte ich eigentlich gehen. Ruhe herrscht im Revier.

Ich bin beurlaubt. *Agapanthus*, Fuchsien, *Plumbago* könnte meine Nachbarin übernehmen. Sie hatte mir versprochen, die Töpfe zu gießen.

Glockenblumen sind ganz allein herangewachsen. Sie beginnen fast unbeachtet in aller Stille zu blühen. Die Bodendeckerin schiebt blaue Kissen über die Steine, steigt in die niedrigen Azaleen, zieht hellblaue Ketten, legt sich über die Kugelfichte, die pfirsichblättrige Glockenblume blüht, schwingt an biegsamen Stängeln ihre akkuraten weißen, himmelblauen oder kornblumenblauen Glocken.

Die Japanische Glockenblume zeigt in diesem Jahr, dass sie nicht mehr nur in Japan, sondern auch bei mir inzwischen fast zu Hause ist. Violett mit apartem, dunkel schachbrettartigem Muster. Vor Zeiten hatte ich sie bei Stauden-Foerster gekauft. Sie hatte damals zurückhaltend freundlich geblüht, danach musste ich annehmen, dass ihr bei mir irgendetwas nicht passt. Zu viel Schatten oder zu viel Sonne oder zu wenig davon. Der Boden zu sauer, zu sandig, der Wind nicht freundlich genug.

Dieser Sommer steht allen meinen Mutmaßungen entgegen. Der Boden, die Witterung, auch meine Nachlässigkeit haben für ein günstiges *Campanula*-Klima gesorgt. Die Japanische und die Bergglockenblume, die Rapunzel- und die Pseudo-Rapunzel-Glockenblume, alle sind da, sie wuchern zwischen Wegsteinen und Büschen. Die Monate fügen sich nach der Rhododendronblüte zu einem Glockenblumen-Jahr und gleich auch noch zu einem Jahr des Fingerhutes.

Der Garten sagt, es wird weitergeblüht. Ich soll bleiben. Der große Werbefachmann ist längst nicht am Ende mit seiner Kunst. Er lässt sich für mich etwas einfallen. Der Meister der Überraschungen hat den Hochsommer in Mitteleuropa gestartet. Ich kann mich nur wundern.

Die Sonne fällt schräg durch das Laub. So sieht eine Waldlichtung aus, die kein Mensch entworfen oder verdient hat. Weiße und purpurne Fingerhüte, mannshohe und niedrig verzweigte, reich blühend, dazwischen wohlgesetzt das verschieden getönte Glockenblumen-Blau.

Bin ich ein Märchenmensch in einem Märchengarten? Oder die Schwester des Kairos? Die heimlich genießt. Keine Musik. Kein Rasenmäher zu dieser Stunde.

Wie über allen Wipfeln, so ein Schweigen auch hier. Kein Vogel singt.

In solchen Augenblicken klingelt das Telefon. Man rennt, man überschlägt sich, springt über die Gießkanne, den Staubsauger, den man mitten in der Stube hatte stehen lassen, um sich dieses Zauberbildes im Garten zu vergewissern.

Zu dieser Stunde kann nur ein naher oder wichtiger Mensch etwas Nahes oder Wichtiges wollen. Ich packe den Hörer. Einen wunderschönen guten Tag, herzliche Gratulation, Sie haben soeben gewonnen. Sie sind von unserer Glücksfee auserwählt, Sie zählen zu den glücklichen Gewinnern unserer Aktion Fortuna. Bitte wählen Sie nun die Neun. Wählen Sie schnell.

Bevor ich verärgert den Hörer auflege, höre ich eine Stimme: Wieder so eine blöde Kuh.

Man weiß längst, dass die Welten nahe beieinanderwohnen. Traum und Alltag. Man arbeitet daran, dass der Alltag nicht überhandnimmt, macht sich nichts daraus. Blöde Kuh. Man ärgert sich nicht.

Kauft sich eine Rose.

Die Rose duftet im Glas, sah als Knospe neben dem Festnetztelefon sehr schön aus und will nun fast schon verblühen. Daneben ein Brief, den die Rose außerdem wegduften sollte, ein seit Tagen präsentes Schreiben. Aufgeschlitzt, zur Kenntnis genommen.

Mit Aktenzeichen und Überweisungsauftrag und höflicher Anrede. Mir wird zur Last gelegt, dass ich die zulässige Höchstgeschwindigkeit in der Karl-Gruhl-Straße überschritten habe. Beweismittel: Speedophot Radar Film 5079, Bild 0300. Freundlich verschmitzt blicke ich durch die Windschutzscheibe, wahrscheinlich habe ich ein Lied auf den Lippen. Meist singe ich »Freude, schöner Götterfunken«. So auch auf der Karl-Gruhl-Straße, wo dieses Foto laut Angabe des Zeugen Inspektor Merten aufgenommen worden ist.

Ich könne mir im Fachbereich Ordnung und Sicherheit bei Herrn Kubitza im Dienstgebäude Bürocontainer 1, Zimmer 227, die Paragraphen 41 Absatz 2, 49 Straßenverkehrsordnung und 24 Straßenverkehrsgesetz sowie 11.3.2 Bkat durchlesen oder erklären lassen. Darauf hätte ich ein Recht. Mit freundlichen Grüßen.

Ich verzichte und fahre die besagte Straße, wo ich meine Enkelin Laura aus dem Kindergarten abhole. Karl-Gruhl-Straße. Ich fahre 30 und keinen Strich schneller. Ich spüre, wie meine Nachfolger grollen. Die argen Namen, die sie für mich finden, kann ich mir denken. Blöde alte Kuh, so was. Dabei habe ich sie vor dem Speedophot bewahrt, das hier bestimmt wieder lauert, rotäugig, schussbereit. 25 Euro, die habt ihr jetzt dank der alten Kuh gespart.

Das Foto schneide ich aus, das klebe ich an die Küchentür, erkläre ich meiner Enkelin.

Mach das nicht.

Was denn sonst?

Vom Kindersitz hinten im Auto bekomme ich den Rat: Du musst bezahlen und dann die Zettel zerreißen.

Ja klar muss ich bezahlen.

Und danach machen wir was anderes.

Wir wollen heute das Insekt unter die Lupe nehmen.

Den Insekten, sagt sie.

Das Insekt. In Sekt.

Ich habe das weißgraue Flügelwesen auf dem Fensterbrett gefunden. Tot. Wird der wieder lebendig? Nein, sage ich mit einem deutlichen Punkt, ich habe dazu grade nichts Versöhnliches hinzuzufügen.

Wenn wir den »Sedlag« nicht hätten. Der »Sedlag« von Professor Sedlag ist ein Insektenbestimmungsbuch. Das liegt immer auf dem Fensterbrett.

Unter den Spannern oder unter den Motten müssen wir suchen. Alles andere können wir ausschließen. Kein Käfer, kein Schmetterling.

Wir finden den Mehlspanner, *Lithostege farinata*, leicht heraus. Die Abbildung im Buch zeigt genau das vor uns liegende Exemplar. Flach ausgebreitete symmetrisch gezeichnete Flügelpaare. Die Fühler. Der schlanke Rumpf.

Alles passt, die Spannweite, sein Lebensraum: unser Garten. Seine Raupe wird sich an einem Kreuzblütler gemästet haben. Hederich, Sophienkraut, Wegerauke, die Wiese bietet genug. Der Falter fliegt von Mai bis Ende Juni. Stimmt. Bei uns im Garten hat grade der Juli angefangen. Der Sterbemonat der *Lithostegen*.

Sollte ich jetzt eine Anmerkung über den Kreislauf der Natur anbringen? Wie der Tod zum Leben gehört. Das Wesen unter der Lupe. Kein Kreislauf, sondern ein Endpunkt. Das sei die Wahrheit.

Der deutsche Name Mehlspanner beziehe sich auf das Aussehen. Guck, es stiebt Mehl von den weißen grau umstichelten Flügeln. Weißes Pulver an unseren Fingerspitzen. So schön, so klar. In ordentlicher Übereinstimmung Buch und Leben. So ehrlich kann unser »Sedlag« sein. So wahr das Leben.

Wunderbar beruhigend. Wenn die Sache so ist, müssen wir bald nicht mehr beten. Doch die Sache ist nicht so. Der Schmetterling, der sich seit Tagen auf dem Frühstückstisch niederlässt, kann niemand anderer als ein Admiral sein. *Vanessa atalanta*. Sedlags Beschreibung im großen Buch der Insekten Mitteleuropas will es, beim ersten Ansehen hätte ich nichts dagegen gehabt. Von allen Schmetterlingen, die ich kenne, ist der hier auf dem Frühstückstisch ein Admiral. Kein Fuchs, kein Tagpfauenauge, kein Trauermantel, keinesfalls ein Distelfalter.

Aber wo trägt unser Admiral seine admiralroten Streifen! An beiden Flügelpaaren hinten! und vorn! deutlich am Rand!, nicht wie auf der Abbildung, da befinden sich die roten Streifen nur am vorderen Flügelpaar, und da nicht am Rand, sondern genau in der Mitte.

Wer hat nun recht?

Der Schmetterling auf unserer Butter oder der im Buch?

Wenn die Sonne sich wendet

Jetzt geht es aufwärts. Wir wissen, das Versprechen gilt. Ab Wintersonnenwende. Man merkt es sofort, wie der Tag gewinnt. Im Januar fängt der Abend am Abend an und nicht schon am Nachmittag.

Der Mensch lebt auf, sieht, wie sich die Vögel ein zweites Mal mit Futter versorgen. Trotz der Neujahrsböller, die noch auf dem Trommelfell liegen, trotz der winterdichten Fenster, man hört am lichten Abend den Gesang einer Amsel.

Warum die Tage wieder länger werden, warum nach dem Winter Jahr für Jahr der Frühling kommt, das hatte ich meiner Enkelin im vorigen Jahr an der Ostsee erklärt.

Geophysik. Großmutterkunde.

Es war der Tag der Sommersonnenwende, wir saßen im Sand auf der Hohen Düne, und Laura hatte beste Laune, weil es immer noch dauerte, die Sonne hatte längst nicht den Horizont erreicht. Der kleine Zeiger rückte schon auf die Zehn, und es war immer noch nicht dunkel, keine Schlafenszeit. Die glühende, blendende Sonne rutschte am nordwestlichen Horizont langsam dem Wasser entgegen. Eine rote am Rand etwas milchige Scheibe.

Ich sagte: Die Sonne ist ein Feuerball, ein Fixstern, und die Erde ist ein kugliger Planet, die Erde dreht sich. Sie dreht sich um die eigene Achse, auch jetzt. Wir sind immer auf Reisen, auch nachts im Bett, wenn wir schlafen und während wir hier sitzen, wir sind unterwegs auf einer Art Karussell, denn es geht rund. Jeden Tag.

Am nächsten Abend saßen wir wieder am Strand. Weil es rundgeht, können wir das verdrehte Schauspiel noch einmal sehen, immer und ewig könnten wir das, aber von Tag zu Tag etwas früher – bis zum kürzesten Tag. Denn, wisse!, die Erde wandert, während sie sich gerade dreht mit uns im Gepäck, da wandert sie Jahr für Jahr um die Sonne herum. Wir sind mit der Erde im Augenblick gleich zweimal auf Reisen. Auf Tagesfahrt und auf der großen Jahrestour.

Wir sitzen auf der Düne an der Ostsee und fahren mit.

Die Erde ist ein Karussell.

Die Erde ist eine Kugel.

Die Erde ist eine Kugel, die der Sonne gehört.

Die Erde ist ein Karussell, das aussieht wie eine Kugel.

Meine Enkelin sagt, so was habe sie schon mal auf dem Weihnachtsmarkt gesehen. Eine Kugel und ein Karussell. Pferde, die um die Kugel rumgaloppieren.

Die Kugel geht immer denselben Weg. Die Tages- und die Jahresrunde.

Damit es nicht langweilig wird, könnten wir auf dieser Kugel außerdem auf eigenen Beinen eine Wanderung unternehmen. Wir könnten einen ganzen Tag auf diesem riesengroßen Erdkarussell unterwegs sein.

Wir unternehmen diese Reise erst einmal in Gedanken. Mit einer alten Fahrkarte von gestern, das darf man in Gedanken und im Traum, wir fahren mit der Tukibahn vom Strand bis in die Stadt. Laufen bis zum Hafen, fahren mit dem Schiff zu anderen Kontinenten, danach mit der Eisenbahn bis ins Gebirge, wir wandern und klettern über die Gipfel, später reiten wir mit einem Esel über die Berge, dann mit einem Kamel durch die Wüste, in den Städten fahren wir mit der S-Bahn oder mit dem Bus. Ab Parkplatz fahren wir mit dem eigenen Auto. So kommen wir wieder zum Hafen, wo die Tukibahn hält. Der Lokführer, es ist immer noch der, mit dem wir die Fahrt begonnen haben, erkennt uns und weiß, dass wir Rundreisende sind. Mit dieser Bahn gelangen wir auf bekannter Strecke direkt an den Strand, wir steigen am Dünenhaus aus und sind wieder am Platz, wo wir die Reise um die Erde angefangen haben. Das kann gar nicht anders sein.

Wir kommen wieder am Startpunkt an, weil die Erde eine Kugel ist. Krumme Schuhsohlen bekommen wir nicht, wegen der riesigen Größe der Erde. Und runterfallen kann man deswegen und wegen ein paar anderer Gründe, die schwer zu erklären sind, auch nicht.

Und weil nichts runterfallen kann von der Erde, kann auch nichts verlorengehen. Zum Beispiel meine Sonnenbrille. Sie müsste eigentlich irgendwo sein. Eigentlich müsste es Sinn haben, weiter nach der Brille zu suchen. Es ist Unsinn, eine neue zu kaufen. Eine Brille kann zwar runterfallen, aber nur vom Tisch, sogar von der Nase, aber niemals von der Erde.

Die Sonne taucht rosenrot ins Meer, weil die Erde sich dreht. Die Erde ist eine Kugel. Wenn man geradeaus wandert, kommt man wieder nach Hause. Soviel für heute über die Geometrie der Erde. Die gute kopernikanische Kugel.

Als Autofahrer hatte ich die Kugelform der Erde lange ignorieren dürfen, Landkarten und Computer machen das auch. Aber in diesen Tagen wurde ich belehrt. Es kam, weil unser Urlaubsort eine tückische Straßenumleitung hatte. Als ich den Schildern folgend das dritte Mal an derselben Kreuzung landete, wo ich mein Lebtag nicht hinwollte, gönnte ich mir einen Fluch. Ich nannte mich selber einen verkalkten Esel, und für die Straßenmeister hatte ich auch einen Titel. Ich sagte das Wort leise und wiederholte es nicht.

Vom Kindersitz her kam die Erklärung: Großmutter, stimmts, jetzt sind wir sogar schon dreimal am Horizont angekommen, weil die Erde eine runde Kugel ist.

Ich murmelte nur: Eine Kugel ist immer rund, oder hast du schon mal eine mit Ecken gesehen. Einen eckigen Ball? Und eigentlich wollen wir nicht zum Horizont, sondern zum Eiscafé. Für unsere Bedürfnisse genügt uns der beschränkte Ptolemäus, die Erde als Scheibe, und die Papierserviette in deiner Jeanstasche, wo unsere Freunde das Eiscafé gestern mit Plan und Adresse draufgemalt haben.

Wir haben das Eiscafé am Ende noch gefunden, es lag am Waldrand, man musste nur einfach die Schilder der Umleitung ignorieren.

Die Wintersonne zeichnet lange parallele Schatten. Die Kiefern recken sich geradeaus in den Himmel. Unser Garten scheint einem alten Weltbild verpflichtet: Sterne sind Laternen, die oben am Himmel hängen. Der Mond ist eine blank geputzte Scheibe und manchmal ein Hörnchen. Sogar die beiden Physiker Hahn und Straßmann haben nach ihren Experimenten jedes Mal zum Feierabend gesagt: Aber der Mond ist ein Hörndel, und die Sonne lacht.

Wenn die Tage gewinnen, schleicht sich der Sommer in unsere Träume. Man denkt ans Verreisen und weiß schon jetzt, dass man einen Tag vor der Abfahrt am liebsten zu Hause bleiben würde. Schließlich wird es dann doch ganz schön in der Fremde. Das ist immer so. Wir fahren los, weil Reisen bildet.

Fortsetzung: Zeitmeisterei

Wir leben aus Gründen eines runden Geburtstags von Albert Einstein im Einsteinjahr. Da ich mich kaum einmal mit Lichtgeschwindigkeit bewegen werde, habe ich es bisher versäumt, mich in das Problem der Relativität der Zeit hineinzudenken. Ich weiß nur soviel, manchmal vergeht sie schnell, manchmal langsam.

Im späten Seniorenleben hat sie die Tendenz, immer rascher zu vergehen. Die Jahre eilen. Die Sommer haben kaum angefangen, schon findet man Zeichen des Herbstes. Vogelbeeren. Pilzgerüche, Spinnennetze, Sonnenstreifen, daneben längere Schatten. Der Frühling tritt auf, der Sommer beginnt, der Herbst herbstelt, man erkennt ihn an besagten Gerüchen, aber er verbirgt sich manchmal hinter warmen Tagen, reichlich Tomaten und Jahreserdbeeren.

Es gibt einen gern hingesagten Spruch: Man ist so jung, wie man sich fühlt. Das heißt, man soll die Jahre nicht zählen, vielmehr lieber die Zeit hinters Licht führen. Auf diese Art kann ich das Problem der Relativität der Zeit in einem guten Sinne verstehen. Die Jahre vergessen. Derweil modelt die Biologie an der Materie. So geschieht das Rückwärtsschreiten der Zeit. Bei Lichtgeschwindigkeit vergeht der Materie wahrscheinlich das Hören und Sehen, so wie mir, wenn ich die Zeichen verkenne. Mir ist, als wäre Sommer. Der Duft des *Phloxes* begleitet mich wie eine berauschende Medizin.

Nachts Regen. Es ist wunderbar, in der Frühe barfuß über die Wiese zu gehen. Die Sonne tritt ums Haus, durch die Linde fällt Licht und Wärme auf Tisch, Stuhl und Morgenzeitung. Im Feuilleton streiten Ultra-Darwinisten und Kreationisten. Die einen beschreiben den Evolutionsprozess als ein Geschehen, in dem Zufall, Selektion und genomische Reorganisation mit vielen biochemischen Faktoren einen Anteil haben, die anderen erkennen im Entwicklungsprozess der Natur eine schöpferische, planmäßig agierende göttliche Instanz.

Dass man sich darum noch streiten kann. Ein Dritter versucht, die Parteien unter einen runden Schlapphut zu bringen, erinnert die Forscher an die vielen offenen Fragen und misslungenen Experimente. Es gibt Augenblicke, da scheint alles klar, weil niemand recht hat. Bestimmt steckt die göttliche Instanz nicht in den Grenzen der Wissenschaft. Das wäre mir für alle Beteiligten peinlich.

Blaise Pascal: *Was ich sehe und was mich verwirrt, ist dies: Ich schaue nach allen Seiten und sehe überall nur Finsternis. Die Natur bietet mir nichts, das nicht Anlaß zu Zweifel und Unruhe wäre. Wenn ich nichts in ihr sähe, das auf eine Gottheit hinweist, würde ich mich für die Leugnung entscheiden; wenn ich überall die Spuren eines Schöpfers sähe, würde ich freudig im Glauben ruhen. Da ich aber zuviel sehe, um zu leugnen, und zu wenig, um sicher zu sein, bin ich in einem beklagenswerten Zustand, in dem ich hundertfach gewünscht habe, daß die Natur, wenn wirklich ein Gott sie trägt, mir dies ohne Zweideutigkeit bezeuge; und daß sie die Kennzeichen, die sie von einem solchen Gotte gibt, ganz und gar unterdrücke; wenn sie trügerisch sind; daß sie alles sage oder nichts, damit ich einsehe, wofür ich mich entscheiden muß. Statt dessen weiß ich aber in dem Zustand, in dem ich mich befinde, weder was ich bin, noch was ich*

tun muß, und kenne weder meinen Zustand noch meine Pflicht.
Mein ganzes Herz sehnt sich, zu erkennen, wo das wahre Gut
ist, damit es ihm folge [...].

Zur Dämmerstunde spaziert ein Fuchs durch den Garten.
Ich bemerke ihn erst, als er hinter dem Rhododendron-
busch Richtung Kompost verschwindet. Ich habe deutlich
den feurigen Schweif mit der sauberen weißen Quaste gesehen. Reineke. Da ich weder Hühner noch Gänse zu hüten
habe, ist er mir willkommen. Ich warte nun jeden Abend
auf ihn.

Mergel

Wenn du so ausgemergelt bist im Alter wie jetzt die Carola, soll das etwa schön sein? Nee.

Die beiden rundlichen Frauen, Seniorinnen, wie man sie heute insgesamt offiziell nennt, waren zu dem tüchtigen Schluss gekommen, dass es doch viel besser sei, man habe etwas mehr am Leibe. Was zuzusetzen, wenn die Zipperleins alle kommen. Bloß nicht wie die Carola, so ausgemergelt.

Meine Enkelin hatte den beiden Frauen, die uns gegenüber im Bus saßen, mit spitzen Ohren zugehört.

Ausgemergelt, was soll denn das sein?

Ich, kurz, leise, weil man andere Leute im Bus nicht belauscht: Das heißt so was wie mager, arm, nichts Gutes mehr dran.

Am Abend suchte sie im leider sehr übersichtlichen Kühlschrank nach einem Zitronenkirschjoghurt, Kirschschoko oder überhaupt nach einem Joghurtbecher. Nicht ein einziger Joghurt mehr da. Keine Erdbeermilch. Du bist ganz schön ausgemergelt, stellte sie fest.

Morgen geht es uns wieder besser, versprach ich. Dazu habe ich meiner Enkelin noch erklärt, dass man unter Geologen und Gärtnern am besten weiß, was es bedeutet, wenn etwas ausgemergelt ist. Boden zum Beispiel. Erst vor ein paar Tagen hatte ich in Federow an der Müritz im dortigen Nationalpark mit einer Expertin über Mergel und das Mergeln gesprochen.

Boden kann mager sein. Ausgemergelt wie Carola, die von den beiden beleibten Seniorinnen im Bus so sehr bedauert worden war. Und wie Carola ergehe es unseren Sandböden, unserem märkischen Garten.

Früher sei auch das Gelände in Federow so arm dran gewesen. Ausgemergelt, ein Wort, man weiß nicht einmal, wo es herkommt, von den Galliern oder den Kelten, dazu hat es manchmal einen zweideutigen Sinn.

Marl oder Marly, der Mergelboden. Ein Bauernspruch sagt, er mache reiche Väter und arme Söhne.

Unser Dorf heißt zwar Speck, aber wir wohnen auf Sand, hatte mir die Expertin erklärt. Ich bewunderte, wie sie in dünner Bluse im kalten Starkregen stand, es machte ihr nichts aus. Die nackten Füße, die leichten Sandalen. So führte sie mich quer über die Wiese zu einem Gartengelände, wo es nur so wimmelte von Weinbergschnecken, auch das störte sie nicht.

Sie konnte leicht so großmütig sein, denn außer Schneckenfutter wuchs noch genug. Satte Malven, Rittersporn, Rosen, *Phlox* bogen sich in der Nässe. Weil sie wer weiß wie viele Säcke Mergel aufgefahren hatte. Verteilt übers Land, samt Kompost eingearbeitet in den Sand.

Mergel, ein Gemisch aus Ton und Kalk, wenn du willst, eine Art Seife. Am Anfang klebt das Zeug an den Sohlen, aber wenn erst mal Gras wächst und die anderen Kulturpflanzen, die Beerensträucher, die Obstbäume gedeihen, dann glänzt der Garten, und die Welt ist, wie man sieht, eine fette Blüte.

Mergeln ist eine alte Art der Bodenverbesserung. In manchen Gegenden, etwa in Schleswig-Holstein, wo die Eiszeiten tüchtig geschoben, geschichtet und gedrückt hatten, musste man nur das Unterste wieder nach oben bringen. Weil der Tonkalk in den Jahren des Ackerbaus verbraucht und außerdem mit den Niederschlägen in die tieferen Bodenschichten gespült worden war.

Woanders, auf reinen Sandflächen, muss man sich das, was den Garten fett macht, in Säcken heranholen. Meine zwei Pflaumenbäumchen und die Rosen würden sich gewiss darüber freuen, aber die Kiefern, Rhododendren, Farne und Fingerhüte, die Heide?

Das Mergeln hat bei uns keinen Sinn. Inzwischen haben wir uns abgefunden oder angefreundet. Sand. Wir können noch so tief graben, die Erde hält unter der dünnen Humusschicht keinen Mergel versteckt. Wir sind von Natur aus dürr, kalk- und tonlos. Aber wenn es sich trifft, lasse ich mir gern ein Eimerchen Mergel schenken. Zum *Plumbago*-Umtopfen oder für den Boden rings um die spärlichen Rosen, dort mergle ich dann ein bisschen.

Wo es in unserer flachen märkischen Gegend etwas bergan geht, dürfen auch wir von einem Hügel reden oder von einer Kuppe. Und die haben manchmal etwas zu bedeuten. Mergel. In der Tiefe eine Schicht aus Tonkalk oder Kalkton. Je nach Anteil. Ziegeleien haben sich in alten Zeiten an solchen Stellen angesiedelt, Teiche zum Baden sind entstanden oder zum Karpfenzüchten.

Kenner haben für solche bescheidenen Zeichen in der Landschaft einen Blick. Wer einen Garten hat, geht nicht mehr blind und unschuldig durch die Gegend. Man hält die Augen offen.

Wenn ich einem Bagger zuschaue, sollte er gar auf einer Geländeerhebung graben, habe ich meine Gründe, neugierig zu verweilen. Mich hält nicht der Wagemut der manövrierenden Arbeiter, nicht Sensation. Ich denke an die ›Leonardo-da-Vinci‹-Rose und an die Umtopfzeit im nächsten Frühjahr.

Ich habe immer einen Eimer im Kofferraum.

Um drei Straßenecken wird neben einem Verwaltungs-
gebäude, einem Prachtbau aus dem vorigen Jahrhundert,
eine Tiefgarage gebaut. Ich habe inzwischen entdeckt, dass
in sechs Metern Tiefe unter dem Sand eine Tonader liegt.

Der Baggerführer hatte mir unter seinem mächtigen
Kopfputz von oben freundlich zugenickt. Ich platziere ge-
schickt meinen Hamstereimer. Darauf hebt sich das Bag-
germaul, schwenkt aus der Baugrube, zirkelt, öffnet einen
Spalt. Es ist Sand. Ich wühle. Sand habe ich selbst genug.
Streusand. Vogelsand. Spielsand.

Nach Feierabend finde ich auf der Straße vor der Bau-
stelle festgepresste Erde, Klumpen, die aus den Reifenpro-
filen gefallen sind. Genau den Mergel, den ich bestimmt
einmal brauchen werde. In der Konsistenz von schwerem
Lübecker Marzipan. Ungefähr wie am Ende Hans im Glück
trage ich die Klumpen nach Hause. Für die Rose. Für den
Bleiwurz und für das aus Sardinien importierte Oliven-
bäumchen, das im Haus seit einigen Jahren den Frieden
stiftet.

Zaubergärten

In den Regalen der Bibliothek von Pila, so habe ich mir sagen lassen, findet man neben Wörtern, Farben und Geschichten auch gepresste Pflanzen. Seltene Blumen. Einen zu Zauberzwecken geeigneten Affodill zum Beispiel. Er gehöre zur Familie der Grasbaumgewächse, wachse nur noch an geheimen Orten, man raunt von einer kleinen Insel, Leukas mit Namen, zu finden zwischen den größeren Inseln Ithaka und Kephallenia vor der Küste Akarnaniens im Ionischen Meer. Dort, in einem besonderen Biotop, sei die Pflanze zu Hause. Man vermutet, dass in ihrer Gesellschaft unsere Träume wohnen.

Genaue Adresse: Horn von Helios.

Gewiss wohnen dort auch meine Träume. Jedenfalls die aktuellen Wunschträume. Süden. Griechenland oder Italien. Einmal Einwohnerin von Venedig sein, Zimmer mit Balkon, Blick zum Kanal und zu einem alten Rosengarten, Tisch, Bank. Dort empfange ich lauter freundlichen Besuch, der mich ein bisschen beneidet.

Oder Ravello. Palazzo Rufolo, es heißt, auf dieser Anhöhe befände sich Klingsors Zaubergarten. Richard Wagner habe den Garten hier gefunden oder mindestens hierher verlegt, als er das Gelände vier Tage nach seinem Geburtstag, im Mai 1880, besuchte. Das Vorspiel zum »Parsifal« im Gepäck. Liebes-, Grals- und Glaubensmotiv. Palmengrün und priesterfarbene Bougainvilleen. Zweiter Aufzug. Violinsolo.

Kundry: *Parsifal! – Weile!*

Parsifal hört wie zum ersten Mal seinen Namen. *Parsifal?... So nannte träumend mich einst die Mutter.*

Er lauscht. Ist das wahr?

Im Zaubergarten staunen die Blumenmädchen im Chor. Ist das wahr!

Kundry erzählt sodann die ganze Geschichte, erst die von Parsifals Vater, wie er im fernen Morgenland starb, dann, wie die Mutter den Sohn im Abendland zur Welt gebracht hatte, wie er als Knabe ungezogen davongelaufen war.

Kundry weiß alles. Dunkle Erinnerungen. Wie konnte er seine Mutter vergessen? Sehr leise, sehr langsam aus dem Orchester das Englischhorn, dann das Horn. Das Leidensmotiv.

Parsifal: *Was alles vergaß ich wohl noch?*

Kundrys Küsse erlösen nicht von dumpfer Schuld. Es muss noch viel mehr geschehen. Leid. Mitleid. Durch Mitleid wissend.

Harfen-Glissando, Zaubergartenbesitzer Klingsor tritt auf. Er schleudert einen heiligen Speer in die blütenduftende verführerisch schöne Welt. Doch Parsifal, kein Schussel mehr, fängt die über ihm schwebende Waffe: *Mit diesem Zeichen bann ich deinen Zauber.*

Unter Donnergetöse, in einem Fortissimo-Ausbruch des Orchesters, versinkt Klingsors Garten.

In meiner »Parsifal«-Aufführung hatte Klingsor in seinem Garten eine pyramidenartige Halde aus Fernsehapparaten aufgebaut. Die Bildschirme zeigten Werbung und Sex.

Parsifal wendet sich von der Höhe der eingestürzten Apparate an Kundry: *Du weißt, wo du mich wieder finden kannst!*

Eine Ruinenlandschaft. Trümmerflora. Ruderalpflanzen. Buttergelb, der Huflattich-Pionier. Geborstene Säulen im südlichen Sonnenschein. Warmer Regen.

Es grünt.

Die Busreise in die italienische Campagna hatten mir meine Lieben zum Pfingstfest geschenkt. Sorrento, Capri, Amalfi, Wanderung durch die von der UNESCO unter Schutz gestellten Limonenhaine. Alte Papiermühlen, alte Pastafabriken.

Die Rast in Ravello war für Kaffee und Kuchen gedacht. Palazzo Rufolo. Drei Sterne, eine Empfehlung: Vom Papst gesegnete Dolci.

Zwei Stunden Freizeit. Ich will sie nutzen. Mit rechtem Glauben finde ich vielleicht, was ich suche, vielleicht schon hier im Garten, nahe der Terrasse.

Schwarze Erde, Palmenschatten, Blumen nahe der Mauer, die hier oben das Gehege krönt, eine weiß-rosa Rabatte, Rispenblüher. Eine Schattenpflanze. *Asphodelus ramosus*. Ganz gewiss eine Kulturform vom wilden zauberkräftigen Affodill!

Aber das habe ich erst später herausgefunden, dank der Büchse, die ich im Reisebus bereithielt, einem Blechgefäß, das man früher Botanisiertrommel nannte, darin habe ich die geklauten Blüten sowie eine Kapsel mit schwarzen Samen noch frisch, bestimmungstauglich, nach Hause transportiert. Außerdem hatte ich die Pflanzen mit dem Handy aufgenommen.

In meinem Simon, »Die Freiland-Schmuckstauden: Handbuch und Lexikon der Gartenstauden«, konnte ich dann *ramosus* als Kulturpflanze ungefähr identifizieren. Früher in der Urform Affodill, eine *heydnische Lilie*, ein hergewandertes Grasbaumgewächs, das zum Hüpfen, Gaukeln, Zaubern stets gut zu gebrauchen gewesen sei.

Der Orkan des Jahrhunderts

Die Medien hatten seit dem frühen Morgen zu tun. Sturmwarnung. Ein Orkan sollte kommen. Noch tobte er über dem Atlantik. Am späten Nachmittag wurde er in Potsdam erwartet. Mit Spitzenwindgeschwindigkeit, begleitet von sintflutartigen Niederschlägen.

Im Filmmuseum stand die festliche Eröffnung einer Filmwoche auf dem Programm. Filme aus dem Libanon.

Wer sich zeitig genug auf den Weg gemacht hatte oder sowieso unterwegs war oder solchen Meldungen immer nur zur Hälfte glaubte, würde kommen. Zu den Libanon-Filmen und zum Mövenpick-Büfett. Doch es waren überraschend wenige, die so dachten. Eigentlich nur die Chefin des Museums und ich. Die Musiker waren schon gegen Mittag eingetroffen, weil sie sich vor ihrem Auftritt Sanssouci anschauen wollten. Die Getränke und die kalten Platten hatten die Cateringleute der Vormittagsschicht aufgebaut.

Ich saß mit den Musikinstrumenten im kühl erleuchteten Foyer. Hinter der offenen Saaltür einladend die blauen Plüschsesselreihen. Vor dem Museum stürmte es bereits. Es schüttete.

Die Gäste aus dem Libanon waren rasch mit dem Auto vom Hotel gegenüber herangeholt worden. Sie zogen die triefenden Mäntel aus, es war nicht zu glauben, auf dem kurzen Weg vom Auto zum Eingang war ihnen von einer unheimlich bissigen Bö der Regenschirm entrissen worden. Jedem, fünf Schirme einfach weg, gen Himmel.

Die Männer standen im Foyer, ziemlich sprachlos, mit feuchtschwarzen Haaren, man hörte salvenartiges Donnern, der Himmel zerfetzte. Fürchteten sie sich? Durch ihre Finger glitten Perlen.

Ab 18 Uhr tönte die unweit stationierte Feuerwehr. Blaulicht wischte auf der Straße vorbei. Genau vor dem Museum starteten die Sirenen, brüllten Richtung Bahnhof, die Straße zum Zentrum.

Der Orkan war pünktlich angekommen. Die Straßen standen unter Wasser.

Seufzend ließ die Chefin für mich und für die fünf Gäste aus dem Libanon die Sektflaschen öffnen. Und dann den Wein. Das Büfett galt als freigegeben, lauter leckere Spinatecken und zu Kugeln gedrehter Reis, überbackene Artischocken. Da hatte die Chefin monatelang Kopfstände gemacht, Mittel waren bewilligt worden, und nun haute so was dazwischen.

Wie sollte ich trösten? Ich war jetzt die Einzige, die für gute Worte in Frage kam. Einziger Gast. Musikinstrumente ohne Musiker. Der Festredner saß irgendwo fest. Man hatte Handykontakt aufgenommen. Umgestürzte Bäume versperrten die Wege. Auf den S-Bahnstrecken gab es keinen Strom mehr. Der Zugverkehr war insgesamt eingestellt worden. Deutschlandweit.

Am Garderobenständer neben dem offenen leeren Saal hingen fünf Mäntel wie schwarze Lappen. Lang anhaltendes Grollen. Blitze und wieder brutales Knattern.

Die Gäste aus dem Libanon lächelten beklommen, sie wollten weder essen noch trinken, sie hatten in den Sesseln des Foyers Platz genommen, Perlenketten seitlich im Jackenärmel.

Wenn man lange genug in den Sturzregen schaute, konnte man den Eindruck gewinnen, als ließe der Untergang ein wenig nach. Hoffnung auf Frieden, weil nun doch ein Auto, wie ein Schnellboot das Wasser teilend, heranpreschte und vor dem Museum hielt. Weil ein Mann es wagte, auszusteigen. Er triefte, sah mich und fiel mir erleichtert um den Hals. Es war ein Festredner, ein wichtiger Mensch, und das hatte er auch von mir gedacht, denn warum sollte ich sonst unter diesen Umständen hier sein?

Where do you come from? Und überhaupt: Comment allez-vous?

Monsieur, je sui das Publikum. In dieser Eigenschaft setzte ich mich nun in den Saal, in die zehnte oder elfte Reihe, nicht ganz in die Mitte. Ich wollte mich so raumfüllend wie möglich platzieren.

Ich hörte die Rede in der Libanon-Sprache und auf Deutsch. Ich sah einen Film mit dem Titel »Berlin – Beirut«. Ich erfuhr mehrmals im Kommentar, dass beide Städtenamen aus sechs Buchstaben bestehen. Allah sandte seine Zeichen. Wer will, kann nachzählen. Berlin. Beirut. Nach meinem Applaus nahm ich noch rasch eine Blätterteigtasche mit Couscous. Der Sturm hatte sich gelegt, vorübergehend, so hieß es, vor weiteren Spitzenwindgeschwindigkeiten sei im Radio gewarnt worden. Ich schwang mich auf mein Fahrrad. Es regnete wieder, aber ich kam voran. Ich erreichte mein Haus. In der Straße standen Feuerwehrautos. Dicke Kiefern waren auf die Dächer der Nachbarn geknickt. Eine Prachtfichte hatte es zwei Häuser weiter umgehauen.

In der warmen Stube schaute ich durch das Fenster in die Nacht. Klein wie eine Feldmaus. Draußen bogen sich die Kiefern, drehten Kreise, steilten sich auf nach Windeswille. Ein Ast krachte gegen den Stamm. Ein Knüppel schlug auf die Erde. Am nächsten Tag kreischten rundherum Motorsägen. Radio Berlin-Brandenburg hatte recht behalten. Man musste sich das vorstellen, der Orkan hatte aufgedreht wie ein Porsche, als wäre unsere Welt eine Autobahn. Er war mit 180 km/h durch die Stadt gerast. Es waren eine Million Porsche-Autos unterwegs gewesen.

Ich trug Äste auf einen Haufen und dankte meinen Bäumen, den alten Kiefern und Birken, der Linde, der Buche, der Tanne, vor allem der schiefen *Pinus sylvestris* und der hängenden Birke an der Straße, dankte für ihre Standhaftigkeit.

Eine unter sieben Gleichen

Sieben Nachtkerzen haben in diesem Jahr geblüht. Ungefähr wie in alten Zeiten, als die Nachtkerze noch eine geschätzte Gartenpflanze war, magische sieben, so wie es im Märchen von der verzauberten Prinzessin sein musste.

Eine hatte sich zwischen die Steine an der Hausmauer gezwängt, zwei haben wir auf dem Pflasterweg vor dem Briefkasten wachsen lassen. Dort standen sie über Sommer mannshoch, und wir mussten durch den Wacholder kriechen, um unsere Post und die Zeitung zu holen. Ein dekoratives Quartett hatte sich auf dem Staudenbeet angesiedelt. Beinahe wie bestellt, leuchtend, mit aparten mondgelben Blüten, am Abend bis zur Terrasse duftend, in Gesellschaft von *Phlox* und *Campanula*.

Heutzutage ist die Nachtkerze eine Wildpflanze. Man findet sie an Straßenrändern, auf Parkplätzen, vor allem an Bahndämmen. Brachblume oder Bahndammblume wird sie deswegen in manchen Gegenden genannt.

Bei mir im Garten ist die Nachtkerze für Überraschungen gut, ich weiß nie, wo sie sich hinsetzen wird. Sie bestimmt selbst ihren Platz, sät sich im Herbst aus, wächst im ersten Jahr zu einer niedrigen Blattrosette und macht sich im nächsten Jahr stark, trägt Blüten und Samen, die durch Klappen aus den Kapseln herausgeschleudert werden.

Ich bin froh, wenn unter den Kiefern im Sand etwas Grünes groß wird und sogar blüht. Gleichgültig, ob die Nacht-

kerze den Garten wie Brachland besiedelt oder ob sie, wie ein Nachglanz alter Zeiten, als blühendes Ereignis der Gartenkultur früherer Jahrhunderte mein Gelände betritt: Sie ist mir herzlich willkommen.

Von Anfang Juli bis in den Oktober haben die Diesjährigen den Sommer begleitet. Im November leuchten ihre Blüten immer noch durch nasses Farnkraut und hinfällige Stauden. Mild, mondgelb, wenn man will, wie ein zarter Hoffnungsschimmer.

Im Märchen wachsen die Nachtkerzen in einem wunderschönen königlichen Park vor einem Schloss mit Türmen genau unter dem Fenster, wo der Prinz schläft. Alle gleich groß, schlank, alle ausgestattet mit nämlichem Wohlgeruch, sieben makellose Blütenstängel. Verwechselbare Geschwisterkinder.

In den frühen Jahren der Seefahrt hatten französische Forschungsreisende die ausdauernd blühende Pflanze an den Waldrändern Kanadas entdeckt. Einer nahm Pflanzen und Samen in sein Gepäck. So gelangte *Oenothera biennis* 1623 nach Frankreich.

Alle wollten bald darauf die gelbe Blume haben. Vor allem die Gärtner im Jardin des Tuileries und gleich auch die modebewussten Stickerinnen. Die Gärtner brauchten die stolze, dabei sanft gelb blühende Pflanze für die Blumenbeete im Lustgarten, um Ludwig XIII., später auch den Sonnenkönig damit zu erfreuen.

Die Stickerinnen suchten neue Motive für Gobelins und Kleiderstoffe. Naturnahe Blumen gefielen als Schmuck. Musterzeichnern wurde erlaubt, den Habitus der Pflanze, Blüten und Blätter, im Akklimationsgarten zu studieren. Eine Blüte sollte wie die andere aussehen. Feinstes Nadelwerk aus mondgelben Fäden. Seide auf Seide. Keine Abweichung. Kein Stich daneben. Wie hingezaubert. Darauf stützte sich das Märchen. Die Geschichte, wie der Prinz trotz des unerbittlichen Ebenmaßes, trotz der äußeren Perfektion seine Liebste findet. Die verzauberte Prinzessin. Eine Nachtkerze unter sieben absolut gleichen.

Ich hatte meinen Enkeln das Nachtkerzenmärchen schon ein paar Mal erzählt. Die Mär von der verwunschenen Prinzessin, die nachts bei Vollmond den sehnsuchtsvoll träumenden Prinzen in ihrer Mädchengestalt besucht, die aber bei Sonnenaufgang leider schnell wieder verschwinden muss, um mit den anderen Nachtkerzen als Gartenzierde im Schlosspark zu blühen.

Eines Nachts darf sie sprechen, darf dem Träumenden erklären, dass sie seit Ewigkeiten, mindestens seit 1623, im Park unter seinem Fenster als eine der Sieben auf die Nacht, vor allem auf diese eine Zaubernacht, warte. Wenn er sie an diesem nächsten Tag im Morgensonnenschein unter den sieben Gleichen als seine verzauberte Geliebte erkennt, wird sie endlich erlöst sein.

Ein Zauber, wieder einmal von teuflischer Art. Der Prinz hatte nur einen Versuch. Wenn er nicht gleich beim ersten Mal die richtige Blume berühren würde, wäre alles verloren. Hoffnung und Liebe. Die Prinzessin würde eine Nachtkerze bleiben. Unerlöst, für hundert und wieder hundert Jahre.

Böse die Bosheit des Zauberers. Doch der Prinz fand seine Liebste unter den Gleichen an jenem Morgen beim ersten Blick. Was hatte ihm geholfen? Glück. Zufall. Eine List.

Obwohl Laura und Jakob die Lösung des Rätsels kannten, sie wollten die Geschichte immer wieder hören. Es war einmal ein Schloss mit einem prächtigen Blumengarten, da lebten ein Prinz und eine Prinzessin, die waren füreinander bestimmt. Die Zauberei. Sieben Nachtkerzen, eine davon die Prinzessin. Bei Vollmond wird sie das Beet vor dem Fenster verlassen. Wird als Nachtgast durch die Flure des Schlosses wandern. Wird stundenweise als Traumfrau in den Träumen des Prinzen leben.

Noch einmal, obwohl kein Geheimnis mehr, soll ich von der wunderbaren Klugheit des Prinzen erzählen. Wie er seine Prinzessin an jenem Morgen in der Reihe der sieben Nachtkerzen furchtlos, ohne zu zögern, erkennt. Sie war ja die einzige Blume unter den sieben Gleichen, auf die in der Nacht kein Tau gefallen war. Und so sind, wenn sie nicht gestorben sind, Prinz und Prinzessin noch heute ein Liebespaar. Ich musste nie die Großwetterlage bedenken, womöglich Trockenheit auch bei Nacht. Dass sich die Geschichte in unserer Nachbarschaft im Schloss Babelsberg ereignet hatte, auch das verstand sich von selbst. Es gab einen Turm und Blumen, sieben Nachtkerzen unter dem Fenster.

Möbel, Uhren, Spiegel, Parfüm, alle guten Sachen kamen seinerzeit aus Frankreich, auch die gelbe Zierpflanze. Im Gepäck der Horticulteurs zog sie als ein Stilelement der französischen Gartenkunst durch Europa. Anbaupläne schlesischer und sächsischer Parkgärten dokumentieren ihre große Beliebtheit. Von Schwärmern wurde sie sogar Wahrzeichen der Epoche genannt.

50 Jahre später setzte sie ihren Fuß über die Gartengrenzen ins Freie. Man fand sie auf den Wiesen an der Elbe, am Main, an der Saale. Auch in Holland und in Polen wurde sie als Ausreißer registriert. Wind und Wasser halfen bei der Verbreitung.

Schließlich stellte sich heraus, dass man aus den saftigen einjährigen Rosettenblättern und aus der rübenartigen Wurzel einen guten Salat bereiten konnte. Auch bei Goethe in Weimar stand manchmal *Oenothera*-Salat auf dem Tisch.

Damit gelangte die Nachtkerze von den Blumen- auf die Gemüsebeete. Wer keinen Garten hatte, sammelte die zarten Rosetten auf der Wiese.

Heute steht in den Kosmetikregalen oder im Gesundheitsbereich der Bioläden Nachtkerzenöl, gut für innen und außen, für Haut und Haare. Vielleicht alte First-Nation-Heilkunst der Urheimat, Produkte aus dem Samen der Pflanze, für uns jedenfalls ein neues *Oenothera*-Kapitel.

Ende der Saison

Die Kinder springen in die luftig raschelnden Wolken. Immer hinein ins Vergnügen. Unter Wonnegeschrei regnen Laubfontänen, goldene Schauer. Das Jahr hatte lange am Sommer festgehalten. So viel Sonne, so viel Grün war nie. Jetzt wird im Eiltempo nachgeholt. Ein Farbenfest. Über Nacht kam der Wind und der Vollmond und ein kleines skandinavisches Tief. Nun habe ich mit Harke und Laubkorb zu tun. Ich türme die Wolken. Die Kinder wirbeln. Musik und Tanz.

Plötzlich wird es ganz still unter der Linde. Ein winziges weinrotes Blatt hatte sich auf die Stirn des kleinen Jakobs gesetzt.

Woher kommt das Blatt? Wer hat das rote Zeichen auf Jakobs Stirn gelegt? Herbst, warum so viele Sprüche, so viel *Lass mich ein Blatt am Baum sein*? So viel Symbol und Magie. Das zarte Blättchen vom frisch gepflanzten *Parthenocissus tricuspidata* ›Veitchii‹, dem Wilden Weinstock, der in Zukunft die schlecht verputzte Ecke am Haus schmücken soll, hat Sophia, die Nachbarenkelin, und meine beiden, Laura und Jakob, wie durch einen Zauber zur Ruhe gebracht.

Ein kleines Rätselraten liegt einen Augenblick in der kühlen Luft. Weiter! So rufen die beiden Großen. Der Kleine nimmt Anlauf. Weiter das wilde Spiel mit wirbelnden Blättern, Wind, Geheimnissen. Die Schutzengel lachen.

112

Unterdes haben die Kinder ihre Sammelleidenschaft aufgegeben. Der Rausch, die Euphorie ist verflogen. Die Bastelkiste ist voll. Sie haben Kastanien, Eicheln und schöne Blätter genug. Genug Herbst. Sie lassen den noch schöneren, noch röteren Ahorn, die honiggelben Herzen der Linde einfach liegen. Nur eine Kastanie wird noch mitgenommen, damit die Hosentasche ihren Sinn behält. Der Kalender sein Recht.

Wir stecken wieder einmal bis zum Hals in der goldenen Jahreszeit.

So werden wir dieser Tage Augenzeuge, wie die Erdkugel wächst und wie das Vergessen entsteht.

Blätterfluten bedecken, verstecken. Frühere Jahrtausende, ob gewachsen oder gebaut, Schachtelhalmwald oder Gemäuer, Viehstall oder Götterhain, viel Nützliches und Ehrenwertes steckt tief unter Laub, verschwindet, versinkt.

Humusschichten bedecken die Gärten des Alkinoos. Die sagenhaften Rosenfelder mit den hochgezüchteten hundertblättrigen Rosen, die dem Midas von Makedonien gehörten, liegen unter Blütenstaub und anderer Biomasse. Von den Hängenden Gärten der Semiramis spricht nur noch eine Legende. Die Pracht der babylonischen Gewölbegärten ist gleichfalls Jahr für Jahrhundert, Schicht für Schicht zugedeckt und unter den Beinen der folgenden Generationen festgetreten, schließlich vergessen worden.

Dieses Schicksal will ich meinem Garten ersparen.

Die Harke. Der Laubkorb. Ein Entschluss, der weder klug noch dumm, einfach nur notwendig ist.

Das beste Laub, mindestens das der beiden herrlichen Buchen, rottet kuppelhoch auf dem Komposthaufen. Es ist in den kurzen Herbstwochen dank eines Gewitterregens, dank der fleißigen Mikroorganismen, dank auch eines Pulvers, das sich Schnellkomposter nennt, auf halbes Maß in sich zusammengesunken. Raum für Nachschub.

Der Nachbar über der Straße zeigt sich geneigt, mir zwei oder sogar drei Körbe abzunehmen. Birkenlaub, aber bitte nur reine goldene Blätter. Bitte ohne Kiefernnadeln oder gar Laub von der Eiche. Zapfen- und eichelfrei soll es sein. Handverlesen.

So bringe ich drei Körbe an den Mann. Er nimmt das Laub für seine Gartenbeete, dämmt damit die Unkräuter und schafft durch Mikroorganismen, die in den längst nicht toten Blättern leben, ein gutes Mikroklima zwischen den jungen Erdbeerpflanzen.

Doch wohin mit der gemischten Natur, wohin mit allem, was wächst und im Herbst unsortiert von den Bäumen fällt.

Als Notlösung lümmeln drei Dutzend dicke blaue Buddhas am Gartenzaun, prall gestopfte 120-Liter-Abfallsäcke, später türmen wir aus den Säcken eine kompakte himmelblaue Pagode. Bis zum ersten Schnee muss das Zeug aus dem Garten verschwinden.

Auch in diesem Jahr bleibt wieder nur die Kommunale Entsorgungsstelle, die unser Herbstgut wahrscheinlich auf eine Kippe, wenn es gutgeht, in eine Schredderanlage fahren wird, wo man daraus dann eine magere Bläherde fabriziert. Geeignet für Fußballfelder und sonst nichts. Dies, obwohl ich inzwischen gelernt habe, dass mein neues Haartrockentuch, laut Etikett besonders saugfähig, zu einem guten Teil aus Buchenholz-Mikrofasern besteht. 50 Prozent *Fagus sylvatica*, dazu nur 50 Prozent Baumwolle. Sogar Jeans sollen künftig aus Reisstroh oder Blättern hergestellt werden.

Mich beschleicht in diesen Tagen noch stärker als im vorigen Jahr die Ahnung, wertvolle Güter in achtlose Hände zu geben. Ich möchte revoltieren, wenn ich sehe, wie die Männer in der Annahmestelle die Biomasse aus den Säcken in die Klappe des Müllcontainers werfen! Schließlich stecken nicht nur besagte Rohstoffe in den Säcken, sondern auch mein Schweiß. Harken, Häufeln und Stopfen. Und die Schönheit des Augenblicks, das fröhliche Rascheln unter den Füßen. Der Übermut der Kinder. Eine ganze rötlich gefärbte, golden- und bronzetönende Jahreszeit. Musik. Chopin. Regentropfen-Prélude op. 28.

Ja, es regnet, es regnet. Des-Dur. Den ganzen Tag, es trommelt auf die blaue Pagode, die Tonnen und Wannen laufen über. Darauf haben wir in diesem Sommer oft gewartet. Der Kürbis auf der Gartenbank glänzt. Die Wiese, eigentlich nur Moos und Kiefernnadeln, saugt den Regen auf. Es kann nie genug sein, denn fingertief beginnt schon der Sand, der hält die Tropfen nicht fest und lässt die Blumen nur auf dünnen Stängeln gedeihen. Aster und Dahlie neigen sich regenschwer. Rosen, *Phlox* und Glockenblumen, man versucht die Nachblüte durch Stützstöckchen und Bindedraht in den Spätherbst hineinzuretten.

Zwischen den zerrissenen Kumulonimbus und den hohen Kiefern schwimmt der Vollmond. Ein Igel walzt schnuppernd durch den geisterhaft ausgeleuchteten Garten. Als er mein Fensterklappern gewahrt, macht er sich zu einer schwarzen Kugel.

Endlich ist einmal alles beisammen: Feuchtigkeit, nächtliches Silberlicht, und warm genug ist es auch. Dank des Hochkeils von den Habichtsinseln.

Die Krause Glucke, Fette Henne, hat sich in diesem Jahr wieder einmal den Platz am Fuß der Vorgartenkiefer ausgesucht. Die Spaziergänger können zusehen, was uns in die Pfanne wächst. Wir messen den Pilz jeden Tag mit den Augen, streicheln ihn in Gedanken. Wir geben ihm immer noch Zeit, warten, bis Besuch kommt, der uns das Festessen wert ist. Gemischte Waldpilze, darunter besagte Henne,

Zwiebeln, alles in Butter gebraten, dazu viel Petersilie und Kartoffeln, am besten Adretta, weil die schön mehlig ist, man muss nur beim Kochen aufpassen, dass sie nicht zerfällt.

Inzwischen trockne ich Steinpilze, Maronen und Birkenpilze. Dafür hüte ich über die Jahre ein altes Fliegenfenster, das wandert nun mit der Sonne ums Haus. Die trockenen Pilzschnitzel kommen bald in ein Sieb. So wird auf der Gaze Platz für die nächste Belegung.

Am Ende fülle ich meine Schätze in Büchsen und hoffe, dass ich damit nützliche Geschenke machen kann. Sicher bin ich mir nicht, denn ich denke jedes Mal, wenn ich durch die Wälder streife, an den Reaktorunfall in Tschernobyl. Wir sind ja jetzt nach 30 Jahren noch mittendrin in der Folgezeit, werden mit Kind und Kindeskindern eigentlich ewig Betroffene bleiben.

Soll ich meine Geschenkbüchsen im Helmholtz-Zentrum testen lassen? Wahrscheinlich machen auch die Experten inzwischen die Augen zu. Die Medien reden über andere wichtige Sachen. Die Gefahr kommt in Postsendungen, Koffern. Sie sitzt in Gürteln und Flaschen, wo sich bekanntlich der Teufel versteckt.

Ich entdecke im kahlen Lindenbaum einen aufgeregt hin und her, auf und ab flatternden Vogelschwarm. Einzelne wohltönende Stimmen. Amselgroß, schlank wie ein Kuckuck. Scheu und schnell. Mein Handbuch sagt mir, es sind Seidenschwänze auf Zwischenstation. Ein Schwarm auf dem Weg nach Afrika.

Noch weiter oben am Himmel, man muss suchen, wo das Geschnatter herkommt, Wildgänse, ein zerfranster Keil. Die Spitze döst, rechts, links, ohne Richtung, ohne Reiseplan. Sie lassen sich in diesem Jahr Zeit. Auch die Kraniche haben es nicht eilig. Am späten Abend sieht man gegen den dunklen Himmel einen Keil zu den Ketziner Seen ziehen. Eine liederliche Formation. Unentschlossen, bummelnd, verspielt. Morgen ist auch noch ein Tag.

Die Gänse haben Zeit für Keilflugübungen, und uns bleibt eine Frist, um das Heizöl zu bestellen. Um Laubsäcke abzufahren. In den höchsten Ästen der Linde hängen immer noch Seidenschwänze. Springen, flattern. Von unten nach oben, im Dreierrhythmus. Oft auch zu zweit. Was ist das für ein eigensinniges Ritual? Tanzen vielleicht? Dazu ihre schönen Flötentöne.

Vielleicht geben sie sich zu verstehen, dass der Winter noch ferne ist. Oder diesmal ausfällt. Dass sie diesmal hierbleiben werden. Kein Afrika und beizeiten wieder retour in den schwedischen Sommer.

Vielleicht wissen die Seidenschwänze, die Gänse und Kraniche, während wir weiterrätseln, längst Bescheid.

Räuber im Rotbuchenwald

Hoch aufgerichtet, im langen Mantel, mauvefarben vom Hut bis zu den Stiefeln, reitet die Dame durch den Wald. Ihr Pferd ist ein Isabell, hellbraun mit weißen Hufen. Die Bäume sind mit kundigem Blick gemalt, hochgewachsene Säulen von bekannter Art. Der ebene Boden ist mit weichem bräunlichen Laub bedeckt. Das Ross geht gelehrig in versammeltem Trab, bis auf einmal für den Betrachter auf dem Bild nichts mehr stimmt. Als ob die Welt von oben nach unten in Streifen aufgeschlitzt wäre. Ross und Reiterin gleiten erst sichtbar, dann unsichtbar durch Schichten der Wirklichkeit. Ein magischer Wald, ein Bild voller Rätsel. René Magritte gab seinem Gemälde den Titel »Carte Blanche« oder »Le Blanc-seing« und mit diesem Dreh dem Betrachter die Möglichkeit zu sehen, was ihm gefällig ist.

Anders als der Maler, der diese surreale Vision vom Wald in seinem Wohnzimmer auf die Leinwand brachte, erkundete der heute fast vergessene Botaniker Reinhold Tüxen (1899–1980) durch genaue Beobachtung den Wald als Lebensraum. Große Rotbuchenformationen hatten es ihm besonders angetan. Er gehörte damit in den zwanziger Jahren des vorigen Jahrhunderts zu den Gründern eines heute im Blickpunkt stehenden Forschungsfelds: Pflanzensoziologie wird inzwischen mit modernen Hilfsinstrumenten an Instituten erforscht, an den Universitäten hat das Fach Zulauf.

Tüxen notierte Jahr für Jahr, wie sich das Laub durch den Wind auf dem Waldboden verteilt, wie es sich an den Wurzeln sammelt, fragte sich, warum es auf manchen Flächen liegen bleibt und welche Folgen das nach sich zieht. Erst wirken Wind und Laub, dann Wind und Schnee. Erscheinungen wiederholen sich, doch gleich sind sie nie. Warum, fragte Tüxen, zeigen sich in der Schneedecke am Fuß der Stämme oft diese tiefen schneefreien Ringe? Ist das eine Folge der höheren Bodentemperatur über den Wurzeln oder die Folge einer bestimmten Sonneneinstrahlung am Stamm?

Er beobachtete, maß Windgeschwindigkeiten und Temperaturen und notierte in seiner originellen Sprache, *wärmerer Wind, um den Baum küselnd, [hat] ein tiefes, immer breiter werdendes Loch, manchmal sogar mit Hohlkehlen, ausgekolkt. [...] Die Ähnlichkeit der Schnee- mit der Laub-Verteilung sind unübersehbar.*

Allein durch ständiges Beobachten und Vergleichen haben noch vor hundert Jahren Naturwissenschaftler Zusammenhänge und Gesetzmäßigkeiten erkannt und gedeutet, aber für vieles lässt sich bis heute keine Regel finden. Das Verhältnis der Temperatur zwischen Waldboden und sommergrünem Laubdach blieb ohne Formel, ein Zauber, wie das Spiel von Licht und Schatten, wie der herbstliche Farbrausch der Buchenwälder – *ihre Schönheit läßt sich physikalisch-chemisch ebenso wenig erklären, wie die peinlichst genaue chemische Analyse der Farben eines Rembrandt-Gemäldes dessen Wirkung deuten könnte*, so Tüxen.

Nach der letzten Kaltzeit war die Buche auf günstigen Wegen vom Süden her in die mitteleuropäischen Regionen zugewandert. Man kann sich das Tempo ausrechnen. Eine Buche braucht, abhängig vom Klima und vom Boden, etwa 50 Jahre, ehe sie blüht. Sie trägt nur alle sechs bis sieben Jahre eine Mast, wie der Fachmann den Samenertrag der Waldbäume nennt. Grob gerechnet brauchte die Buche folglich 15 Generationen bis nach Berlin. Nach Kassel gelangte sie auf einem anderen Weg erst 1000 Jahre später. Um Christi Geburt wuchsen dann auch Buchen an der Küste von England. Tiere haben die Verbreitung der Samen, der dreikantigen ölhaltigen Bucheckern, Kantnüss, Ecknüss, befördert.

Geobotaniker meinen, dass es nicht zuletzt auch Menschen waren, die dem nordwärts wandernden Buchenwald ein bequemes Bett bereitet haben. Sie beackerten und beweideten Flächen, die sie später verließen. Auf diesen Böden wuchsen erst Birken- und Kiefernpionierwälder, dann in ihrem Schutz die Bucheckernsämlinge. Buchen bewohnten die Erde allmählich von den Mittelmeerinseln bis nach Südschweden.

Die Rede ist von der Rotbuche, die seit der Benennung durch den schwedischen Naturwissenschaftler Carl von Linné in seinem Werk »Species Plantarum« den Wald, lateinisch »silva«, sogar im Namen trägt. *Fagus sylvatica*, nicht zu verwechseln mit der Hain- oder Weißbuche, wissenschaftlich nach Linné *Carpinus betulus*, ein Baum, der mit unserer Buche verwandtschaftlich nichts zu tun hat. Die Weißbuche stammt aus einer anderen Familie. Sie gehört zu den Birken.

Unsere in Jahrtausenden heimisch gewordene Rotbuche erhielt wahrscheinlich ihren deutschen Namen, weil ihr Holz einen rötlichen Schimmer zeigt.

Durch Züchtung sind aus ihr einige prächtige Parkvarianten hervorgegangen. *Purpurea*, die Blutbuche, *pendula*, die Trauerbuche, *Fagus sylvatica* ›Purpurea Pendula‹ – die Hängende Blutbuche. Eine bewunderte Solistin in Parks, auf Plätzen, man kennt sie aus der Nachbarschaft; eine herrliche alte Buche mit purpurrotem Laub hatte im Schulhof gestanden.

Die schlichte grünbelaubte Rotbuche gedeiht gern zusammen mit ihresgleichen. Einige Arten wachsen in Amerika, auch in Asien gibt es Rotbuchen.

Generationen wuchsen gemeinsam heran, sie ließen um sich herum Sämlinge keimen und groß werden, so dass sich auf natürliche Weise reine Buchenwälder gebildet haben. Sie dominierten, wurden zum geheimnisvollen Raum, zum Märchenland der Brüder Grimm. Frommer Sagen Aufenthalt. Stätten, wo es nachts knisterte und heulte und Teufel regnete. Wo aber dann bei Tage fleißig gearbeitet wurde. Holzfäller schlugen einen beinahe unerschöpflichen Baustoff. Die Balken der mittelalterlichen Kathedralen, die Dielen und Treppen in den Häusern der Städte waren in Buchenwäldern gewachsen. Eisenbahnzüge fuhren auf Buchenschwellen durch Europa.

Viele Ortsnamen weisen auf nachbarliche Nähe zu den Buchen. Bukowina hieß ein Land, so heißen Flüsse, Berge, Dörfer in den Karpaten, wo sich heute noch die größten europäischen Buchenwälder befinden. Baal Schems Revier.

Die ältesten dieser Urwälder, in der Ukraine und der Slowakei gelegen, wurden zum Weltnaturerbe erklärt. 2011 fügte die UNESCO fünf schützenswerte deutsche Buchenbestände hinzu: Teile des Nationalparks Kellerwald-Edersee in Hessen, den Hainich in Thüringen, Jasmund in Mecklenburg-Vorpommern sowie die ältesten Buchenwälder im Müritz-Nationalpark. Im Land Brandenburg trägt der Buchenwald bei Grumsin im Biosphärenreservat Schorfheide-Chorin das Naturschutzsiegel der UNESCO.

Buchenwälder sind Räume, die sich unserem Gemüt zu jeder Jahreszeit einladend öffnen. Im Frühling regenfeucht, hellgrün, oft voll Sonne, im Sommer wie ein Domgewölbe

Schatten spendend, goldfarben im Herbst, im Winter schließlich in filigranem Schwarz-Grau-Weiß. Je nach der Beschaffenheit des Bodens bildet sich unter Buchen eine spezifische Flora. Auf Kalk- und Lössböden wächst im Frühling eine Krautdecke aus Lerchensporn, Bärlauch, Perlgras, man findet sogar Orchideen. Auf kalkarmen Silikatböden siedeln Flattergras, Hainsimsen, Farne, Riesenschwingel, bergwärts und auf feuchten Gründen wächst der Bärlapp.

Auf Silikatgrund erheben sich die Hallenwälder bei Serrahn. *Dies Gewölbe mir ersetzen kann nicht Mailands hoher Dom … selbst St. Peter nicht zu Rom*, reimte Großherzog Georg von Mecklenburg-Strelitz, um seine Passion, die silbrigen alten Buchen in seinem Revier, zu ehren. Schon damals, 1850, hatte er den Wald einhegen lassen, die Bewirtschaftung, das Holzfällen, das Jagen, sogar das Betreten wurden verboten. Das Gelände sollte alleinig Revier der Buchen sein. So ist es über 170 Jahre geblieben.

Jede dieser Buchen steht heute als einmaliges Individuum, als ein V- oder U-Zwiesel mit doppeltem Stamm, geprägt durch tiefe Kerben, in denen das Regenwasser vom Kronendach zu den Wurzeln rinnt. Ihre Rinde ist zur Heimstatt für Pflanzen und Tiere geworden. Rotrandiger Baumschwamm und Echter Zunderschwamm haben sich am Stamm angesiedelt. Wenn die Buche einmal fällt, werden die Schwämme im faulen Holz weiterleben. Dann wird Raum sein für andere Fäulnisbewohner und viel Licht für die niedrigen Buchenbüsche ringsherum.

Die großherzoglichen Wege im Weltnaturerbe sind verwachsen. Die Buchen hinter dem alten Forsthaus Serrahn leben von Menschen ungestört, ungesehen wie die Höhlengemälde von Lascaux. Um die Schutzzone zieht sich ein breiter Gürtel aus später gepflanzten Kiefern, Ahorn und

Eichenarten. Auch dieser Gürtel steht seit 50 Jahren unter Schutz.

Auf dem Wanderweg von Zinow nach Serrahn kann man gut beobachten, wie die Rotbuchen in diesem Mischwald zahlreicher und kräftiger werden. Sie sind bestens ausgestattet, können über Jahrzehnte unter Kiefern im Schatten stehen, wenn sie aber eines Tages durch Ausfall eines morschen Baums Platz und Licht gewinnen, werden sie schnell größer. Einzelne hohe Kiefern halten sich noch zwischen den dicken Ästen der herangewachsenen Buchenkronen. Es sieht aus wie eine Umarmung, aber das täuscht. Die Buchen sind mit dem Wind verbündet. Ihre Äste scheuern, sie bedrängen den Kiefernstamm, drücken ihn zur Seite, während sie eilig höher wachsen und in die Breite gehen.

Man hat neuerdings herausgefunden, dass betagte Buchen tief im Wurzelgeflecht einen Stoff abgeben, der jungen Buchen förderlich ist. Eine Geduldsmedizin, denn Geduld ist in den ersten 50 Jugendjahren im Leben einer Buche das Wichtigste. Wichtig das Warten auf lichte Momente.

Man hofft, dass mit dem Schritt ins nächste Jahrhundert der gemischt aufgeforstete Ring wieder zu einem reinen Buchenwald wird. In der Art wie vor 5000 Jahren. Ein Ort ohne Verbote. Der Mensch empfindet ein tiefes Zusammengehörigkeits- und Erlösungsgefühl unter Buchen, fast möchte man sagen, es beruht auf Gegenseitigkeit. Schließlich ist die Buche auf Menschenspuren durch Europa gewandert, um sogleich Bau- und Feuerholz zu spenden und Räubermärchen, die an warmen Kaminen erzählt werden können.

Nadelproben

Der Winter ist ihre Zeit. Es scheint, als würden die Koniferen in den Parks und Gärten in gemeinsamer Ordnung ein paar Schritte aus der hinteren Reihe in den Vordergrund tänzeln. Die kahlen Laubbäume treten zurück. Jetzt sind die Koniferen auf dem Plan und erkennen einander, wie wir sie erkennen in ihrem dunklen, fast schwarzen oder auch überraschend frühlingszarten Grün. So gefallen sie im Novembernebel oder im Schnee.

Die großen Beschützerkoniferen, die Kiefern, sind immer am Platze. Es sind Säulen, die rund um das Jahr im Garten alles überragen, Häuser, Fernsehschüsseln. Sie sind letzte Zeugen eines Waldes, der seit Ewigkeiten die Gegend bestimmte. Parforceheide. Wie alt, wie hoch die Bäume wohl sein mögen? *Pinus sylvestris*, die Waldkiefer, sie schützt vor der Sonnenhitze und wirft über den Tag wunderbare Schattenspiele auf die Wiese. Das schönste aber ist zu allen Jahreszeiten der Glanz ihrer kupfernen Spiegelrinde im Abendlicht.

Eine Zeit lang liegt jeden Tag gelber Pollenstaub auf den Fensterbrettern. Pausenlos fallen Kiefernzapfen zwischen die Stauden und auf die Wiese, wir haben wie Sisyphos zu tun, die Zapfen müssen weg, denn sie machen zusammen mit den Kiefernnadeln den Boden sauer. Leicht sauer darf der Boden für die Rhododendren und Azaleen sein, aber nicht so sauer wie in einem Nadelwald.

Wir behaupten unverzagt unter den Kiefern einen Garten, ein grünes Gehege, wo nicht nur Moos wachsen soll. Wir räumen also immer ein bisschen auf für die Frühlings- und Sommerblumen und die Herbstanemonen. Sammeln Säcke, Körbe, Kisten voll Zapfen.

Zapfen sind das bestimmende Merkmal der Pflanzenordnung Koniferen. Lateinisch »conus-ferre«, zu Deutsch »Zapfen tragende« Gewächse. Zwischen den Zapfenschuppen, also nicht in einer geschlossenen Kapsel, liegen die Samen. Koniferen gehören im Reich der Pflanzen zu den nacktsamigen Gewächsen. Wie Palmfarne und die Ginkgobäume.

Es heißt, Koniferen seien die ältesten existierenden Lebewesen auf unserem Planeten. Nicht nur Nachfahren eines alten Geschlechts, sondern heute präsent als 3000 Jahre alte Riesenmammutbaum-Individuen. In kalifornischen Wäldern kann man ihnen begegnen. Der mutmaßlich Älteste trägt sogar einen Namen, er heißt Präsident. Inzwischen wurden in den White Mountains von Arizona Fuchsschwanzkiefern gefunden, die wohl noch 1000 Jahre älter sind. Das höchste Wesen, das die Natur Richtung Himmel kreiert hat, ist ebenfalls eine Konifere, ein *Sequoia sempervirens*, genau 115,72 Meter hoch, der Baum würde den Dom in Florenz überragen.

Die meisten Koniferen sind immergrün, sie erneuern sich unauffällig über die Jahre, Kiefern, Fichten, Tannen, Hemlocktannen, auch die Douglasien, indem sie immerzu nadeln. *Larix*, die Lärchen-Gattung, tritt aus der Reihe der Immergrünen, im Herbst färbt sie sich gelb, streut schnell alle Nadeln, um im Frühjahr neue zu bilden. Der *Taxus*, unsere Eibe, wirft viele Nadeln, bleibt aber im Winter grün. In den Zweigen sitzen Vögel, die nach den weichen roten Beeren picken. Auch wenn die Samenhülle nicht so aussieht wie ein Zapfen, es bleibt dabei, botanisch ist der *Taxus* eine Konifere. So ähnlich geht es mit dem *Juniperus*, dem Wacholder. Im Gewürzregal findet man Wacholderbeeren. Unter der Lupe kann man mit gutem Willen so etwas wie eine Schuppenhülle erkennen. Wir würzen in der Küche also eigentlich mit Wacholderzapfen.

Die Koniferen bilden eine Gemeinschaft von sieben Familien. Einige haben viele Gattungsmitglieder. Die Gattungen wiederum haben unter anderen Standortbedingungen verschiedene Arten ausgebildet. *Pinus* ist wahrscheinlich die artenreichste Gattung, es folgen im Abstand die Fichten, die Tannen. Vom *Thuja* gibt es den Abendländischen, den Morgenländischen und den Riesen-Lebensbaum.

Himalaja, Libanon und das Atlasgebirge haben die Zeder verschieden geprägt.

Im Gepäck der Forschungsreisenden oder als Gastgeschenke kamen die Fremdlinge in unsere Regionen. 1917 brachte Sultan Abdul Hamid II. dem Kaiser Wilhelm II. eine Libanon-Zeder mit.

Exotische Nadelgehölze stehen nun wie Denkmale in den Parks. Der Baum des Sultans gedeiht in Sanssouci. Ein geschenkter Mammutbaum wächst in der Schweiz hinter dem Palazzo Salis.

Schließlich wurden exotische Koniferen in hiesigen Baumschulen, meist in Spezialbetrieben, in Kultur genommen.

Picea glauca var. *albertiana* ›Conica‹, die Zuckerhutfichte, ist eine der vielen hundert Züchtungen. Dieser elegante vom Fuß bis in die Spitze grüne Kegel stammt von der mächtigen, für die Holzindustrie wichtigen Kanadischen Weißfichte ab. Einem Forstmann war im Fichtenrevier eine interessante Mutation aufgefallen, dieses Bäumchen war der Start für die Zuckerhutform. Obwohl man kaum noch eine Ähnlichkeit mit den wuchtigen Vorfahren in den kanadischen Wäldern erkennt, die ›Conica‹ bleibt eine *Picea*. Die Nadelprobe zeigt es. Wenn man eine Fichtennadel vom Zweig zupft, hängt daran stets ein Fähnchen. Die Tannennadel hat meist einen tellerartigen Rand, Kiefernnadeln sitzen immer wenigstens zu zweit an den Zweigen.

Kopfzerbrechen bereitet sogar einer Parkgärtnerin die Zuordnung der *Thuja*-Arten. Sie hatte mich gewarnt, auch für Zypressen, Scheinzypressen, *Juniperus* und Zedern brauche man unbedingt eine Lupe, aber man braucht wahrscheinlich auch Phantasie.

Ich hatte von einigen namenlosen Koniferen in meinem Garten Zweige abgeschnitten, jeden mit Standort- und Formbeschreibungen versehen.

Die Zweige lagen in Reihe auf dem Tisch. Meine Ratgeberin hatte drei Bestimmungsbücher, außerdem ausgedruckte Formbeispiele aus dem Internet mitgebracht. Es war schwierig. Hatten wir einen Zweig der Feuerzeder unter der Lupe, oder musste man die Schuppen blassgrün nennen? Auf der Unterseite in den Spaltöffnungsbändern vielleicht grau, graugrün? Waren die Flachzweige an den Enden besonders ausgeprägt oder nur wie bei allen anderen Zedern gegliedert? Wächst die Konifere ausladend oder als Säule? Ausladende Säule? Dann, ja dann, wenn trotz der Spitze immer noch Säule, könnte man in meinem Garten eine seltene Chilezypresse vermuten.

Aber Vorsicht. Gegen das Papierweiß sieht die weiße Unterseite des Zweiges ziemlich verschwommen aus, dazu sind die Kantenblätter deutlich größer als die Flächenblätter. Was heißt das? Wahrscheinlich noch nichts. Wir zerreiben die Zweigspitzen und schnuppern. Jetzt gilt es, einen petersilienartigen Geruch wahrzunehmen. Wenn, dann ha-

ben wir statt all der anderen Vermutungen einen Oregon-
zedernzweig vor uns. Einen Zweig von einer *lawsoniana*.
Aber wir müssen uns genau erinnern, wie Petersilie riecht,
wir müssen zwischen Weiß und Grau unterscheiden, auch
zwischen Dunkelgrün glänzend oder nur Grün.

Meine Ratgeberin hatte plötzlich noch einen anderen
Termin. Sie hatte mich gewarnt, und ich werde darauf ver-
zichten, meinen Koniferen Namensschilder anzuhängen.

Das Koniferensortiment ist in den letzten Jahrzehnten
um ein Vielfaches gewachsen. Listen der Baumschulen vermitteln den Eindruck, die Welt solle künftig aus Schein-
zypressenwäldern bestehen, extrafein aus Sawara-Schein-
zypressen, ›Filifera‹, mit fadenförmigen Zweigen. Zu den
Sorten gibt es diverse Variationen. Mit rotem oder grünem
Laub, durchsetzt mit weißer Panaschierung. Die Baumschulen haben genug bereit für Parks, Straßen und Gärten, besonders für Friedhöfe und noch mehr für Hecken als
Grundstücksgrenzen.

Es ist schwer zu vermitteln, dass die gekauften Konife-
rensetzlinge einmal größer werden, dass sie wachsen wollen, also Luft brauchen ringsherum und Wasser, aber keinen
Sumpf. Man begegnet bräunlich sterbenden *Thuja*-Mauern
und ist sich bei diesem Jammerbild einig mit Vita Sackville-
West, die von England her vor Koniferen gewarnt hat: *Ich
mag sie nicht, wenn ich ehrlich sein soll. Thuja* verstaubt, an-
gerostet, ohne Sinn und Zweck mitten auf einem Rasen, der
für sich allein viel glücklicher aussehen würde.

Abgesehen davon, ich mag sie. Ich mag den grünen Rei-
gen, der im Winter zwischen den kahlen Ästen der Laubbäume hervortritt. Ihre bizarren Formen, ihre Selbstbehauptung und wie sie an manchen Plätzen als ein geschlossenes
Ensemble schöner Grüntöne beieinanderstehen. Land-
schaftskissen. Wolkenhügel vor alten Gemäuern.

Und die Araukarie, in unserer Gegend bekannt als Zim-
mertanne, verbreitet früher auf den Fensterbrettern als
Omapflanze. Bei uns war sie Hegepflanze des Sohnes, ich
weiß nicht, warum, vielleicht weil man an ihr so schön sehen konnte, wie man endlich erwachsen wird. Jedes Jahr
ein neuer Quirl. Sie wanderte mit ihm aus dem Kinderzim-
mer in die Studentenbuden und steht nun, wenn sie nicht
gestorben ist, mit anderen Pflanzen im Atrium eines Uni-
versitätsgebäudes. Immergrün, eine Zimmerkonifere, die
woanders auf der Erde als ein mächtiger Baum wächst.

Unberufen

Kies, geharkter Sand und Steine, das ist ein japanischer Garten. Jeder Stein kann ein Gott sein. Der Gärtner hat ein besonderes Amt, er ist berufen, die Götter in Harmonie zu versöhnen. Er richtet den Raum, beseitigt Fußabdrücke, Zehen der Vögel, Katzenpfoten, entfernt Moos, Gras, Blätter und andere Unreinheiten. Er kennt das »Sakuteiki«, ein ausgangs des 11. Jahrhunderts aufgrund älterer Quellen von Yoshitsun redigiertes Regularium. Gewässer, Inseln, Berge bilden die Grundelemente des Gartens. In diesem deutlich begrenzten Meditationsraum sind die Abstände, Richtungen, Unterblicke, sämtliche Kombinationsmöglichkeiten genau festgelegt.

Es gibt Widerstände und Tabus.

Man sagt, der japanische Garten sei angelegt, um der Seele einen Ort zu bereiten, damit sie sich im geschützten Terrain von allen inneren und äußeren Zwängen befreie.

Man sagt, geleitet von dieser gärtnerischen Denkungsart, sei nach dem Krieg von einem Tüftler das Honda-Motorrad entwickelt worden, in diesem Geiste habe später der Elektronikkonzern Sony seine Weltgeltung erreicht.

Mit dem Buch »Dahlien im Sand«, Untertitel »Mein märkischer Garten«, hatte ich, ohne die Dimension des Begriffes zu bedenken, mein kleines Anwesen zum Garten erklärt.

Für mich gab es eigentlich keine Zweifel, denn ich habe

eine große und eine kleine Gießkanne, Harken, Spaten. Ich kenne Arbeit und Müßiggang. Ich stehe im Sommer früh auf, habe auch im Winter zu tun. Wie es ein Garten verlangt, versuche ich sogenannte Kulturpflanzen und Unkraut, auch Wildwuchs, in ein gefälliges Verhältnis zu bringen. Ich glaube an Celaflor gegen Läuse und Milben. Glaube an Bier gegen Schnecken. Ich mache unzählige Male am Tag meine Kotaus, um Linden-, Buchen-, Birken- und Ahornsämlinge auszureißen, denn jede Nase will so bald wie möglich ein Baum werden. Ich stelle mich gegen den Wald, ich diene einem Garten.

Ich glaubte arglos, mit bestem Gewissen, ich hätte Gründe genug, meinen Garten einen Garten zu nennen.

Bis zu dem Tage, als ein Passant eine Widmung in besagtes Buch erbat und bei der Gelegenheit treuherzig erklärte: Er habe bisher beim Spazierengehen immer gedacht, das Gelände um mich herum sei nur eine Parzelle im Wald, nun habe er durch das Buch erfahren, es handle sich hier um einen Garten. Man lerne nie aus.

Wir wechselten am Gartentor ein paar freundliche Worte, doch meine Gedanken rannten schon in diesem Wald umher. Ich, eine Hochstaplerin. Mein Gewissen kämpfte; wenn ich eine Hochstaplerin bin, so geschieht es aus Neigung zu meinem Beruf. Ich bin gelernte Gesellin für Zierpflanzenbau und Landschaftsgestaltung. Vielleicht entschuldigt mich mein Alter, meine Herkunft aus einem Nest im Gebirge.

Ich reichte ihm das signierte Buch und seinen Stift zurück.

Sie haben recht, man muss kritisch sein. In Büchern wird manches erzählt, hörte ich mich sagen.

Wieder allein, beruhigte sich mein Gemüt. Bald konnte ich lachen. Parzelle. Der spinnt. Gewiss, ein japanischer

Garten ist mein märkisches Gelände nicht. Das sieht man beim ersten Blick. Ostwärts schief geneigte Kiefern, ungekämmte Birken, verschiedene Moose und Waldgräser, die dem Terrain den Status Rasen verbieten. Es fehlt nicht an der Vorstellung, aber an Konsequenz. Die Blumen sind, wenn sie aufblühen, eigentlich immer schon ein bisschen verblüht, in der hohen Kiefer hängen über der Gartenbank Wildtaubennester, es ist gefährlich, auf dieser Bank auszuruhen.

Im Wilden Eck wächst ein Sadebaum, ein Virginischer Bleistiftwacholder, old-fashioned, wie zur Erinnerung. Kommt mal her, Kinder, aus dem Baum hat früher der Erfinder des Bleistifts den Bleistift gemacht.

Aus dem stachligen Besen! Und jetzt?

Jetzt gibt es neue Patente, neue Verfahren, pilzgesättigtes Holz. Ganze Bleistiftholzplantagen. Im Silicon Valley, da werden sogar Schreibgeräte gemacht, die selber wissen, was sie aufschreiben wollen.

Derweil belebt sich die Erde, die Schatten sind da, schräg, lang und ein wirres Knäuel. Sie tun so, als wären sie sesshaft, aber das stimmt nicht. Am Abend sind sie fort. Nomaden, die kein Eigentum haben und demgemäß auch keinen Sinn für den Fortschritt. Auch der Bleistiftwacholder im Wilden Eck hat seinen Schatten losgelassen. Am Fuß blüht eine *Campanula*, eine neue Sorte mit dicken dunkelblauen Glocken. Wie zum Zeugnis. Garten, was sonst.

Kauz in der Kiefer

Der erste Schnee fällt über Nacht. So muss es sein. So sieht eine gelungene Überraschung aus: Die Wiese liegt im Morgendämmer unter einem weißen Tuch, die Nadelgehölze, die Farne, die Eriken wie auch die letzten Rudbeckien, die braun verblühten Winterastern tragen weiße Gehänge.

Die Kinder glühen vor Eifer. Heute geht in der Wohnung nichts schnell genug. Man muss hinaus, den Schnee kosten, Bälle kneten, ein Herz malen, muss Schneeflocken fangen.

Wir Erwachsenen sind froh, dass wir beizeiten die Autoreifen gewechselt haben, dass keine Verkehrsbehinderungen gemeldet werden und dass der Garten plötzlich ohne jedes Zutun schön aussieht. Alle Versäumnisse liegen zugedeckt. Das Bruchholz, die Laubhaufen, die Komposterde, die ausgebreitet werden sollte, alles steckt unter einer sauberen Decke.

Vielleicht hängt uns noch ein kleines pflichtschuldiges Bedauern an, weil wir mit dem Laub gestern nicht fertig geworden sind, doch im selben Augenblick fühlen wir uns enthoben. Entbunden von irdischen Pflichten. Der Himmel hat es gewollt. Glitzerndes Weiß. Menschenwerk würde nicht helfen, nichts bessern, im Gegenteil sogar schaden. Menschenhand sollte jetzt ruhen. Fußspuren würden die weiße Ordnung im Garten zerstören. Es genügt, zu schauen, zu atmen. Schneeluft. Es genügt, sich mit den Kindern zu freuen.

Auch Paragraph 3 der Gemeindeordnung, die Schnee-räumpflicht, kann unser neues Lebensgefühl, die gute Laune und Lässigkeit, nicht beeinträchtigen. Man muss nur mit dem Schieber und dem Besen früh genug starten, man muss als Erste auf den Beinen sein, sofort wandelt sich die Arbeit auf dem verschneiten Weg zur Meditation. So allein auf der weißen Welt, kommen die Gedanken. Es sind lauter leichte Sachen, die sich leicht erledigen, leicht klären lassen. Vogelfutter kaufen, die Fettglocke für den Grünspecht aufhängen. Das muss jetzt sein. Jedes Jahr wartet der Specht auf den ersten Schnee und auf sein Fett.

Die frische Luft, die gleichmäßigen Bewegungen, das sauber tönende Schürfen – es gibt selbstverständlich eine Erklärung, warum der erste Schnee im Jahr immer in der Nacht fällt.

Die Kinder wissen, mit dem Schnee ist es wie mit den Wünschen, sie verschwinden oder erfüllen sich über Nacht. Meteorologen machen den nächtlichen Temperaturabfall, nächtliche Wolkenformationen, dampfgesättigte atmosphärische südliche bis westliche Winde, manchmal sogar den Mond verantwortlich für die Entstehung der Eiskristalle, die den Niederschlag als Schnee bescheren. Ich denke, es muss Nacht sein, damit sich die Redensart von der Gnade des Vergessens einmal erfüllt.

Bleibt die Frage, warum der Winter für unser Gefühl jedes Jahr entweder zu spät oder zu früh kommt.

Ich sage mir, das ist vor allem schuld des Kalenders. Wie kann dieses Datum im Dezember, der Tag der Sonnenwende, gleichzeitig der eingeschriebene Start des Winters sein? Wir haben doch meist schon Wochen vorher die Wintermäntel anziehen müssen. Der sonnig bunte Herbst hat sich längst verabschiedet. Die Laubbäume strecken kahle Äste in den Himmel.

Entweder wir warten auf Kälte und Schnee, beklagen die Verspätung, oder wir haben am 22. Dezember schon genug von der Rutschbahn vor dem Haus, den Schneewächten auf dem Dach, den Eiszapfen. Der Winter wird uns zur Last. Wir wünschen uns sein Ende. Der Kalender schürt Hoffnungen. Die Tage werden wieder länger, man weiß es, und bald behaupten wir, es sei schon zu spüren: Die Vögel singen, Knospen schwellen. Dabei ist der Winter laut Kalender noch sehr jung. Die Vögel und die Knospen und die Hoffnungen trügen.

Es schneit immer noch. Aus schönen weißen Tüchern sind unterdes schwere Matratzen geworden. Die Schneemänner in den Gärten haben lässige Haltungen angenommen. Die Möhrennase wurde von einem hungrigen Hasen gestohlen, der Hut ist verschwunden, jetzt liegt der Kopf neben dem dreckigen Rumpf.

Kreuz und quer, geschäftig, führen unsere Fußspuren durch den Schnee. Vom Haus zum Komposthaufen eine Eisbahn. Wir müssen die Rhododendren vorsichtig schütteln, damit die Äste unter der Schneelast nicht brechen, neue Ringe für die Meisen aufhängen.

Die Hieroglyphen im Schnee verraten, wer heut Nacht das Gelände passiert hat. Herr Fuchs und die Nachbarkatze. Überall die zierlichen Muster der Vogelzehen. Die tiefen Stapfen der Nachbarin, die zu uns gekommen ist, um die zwölf Blüten der Christrose zu bewundern. Ich bin stolz, am Fuß der Eibe, zwischen Stein und Stamm, *Helleborus niger*.

So fern im Kalender der Frühling, so winterlich der Winter in diesen Tagen sein mag, im Gehölz und tief in der Erde hat das neue Gartenjahr bereits angefangen. Schon am 4. Dezember, dem Barbaratag, holen wir Zweige von der

Forsythie oder vom Kirschbaum ins Haus, um sie am Fenster zum Blühen zu bringen. Die Ruhezeit ist zu Ende. Die Säfte zirkulieren.

Es ist, als wollte der neue Schneefall diese Tatsachen verschleiern. Es gelingt. Aber an einem Morgen gelingt es nicht mehr. Uns fallen plötzlich Versäumnisse ein. Sachen, die wir vergessen haben. Das Gestrüpp unter dem Schnee. Das Bruchholz. Die Ecke am *Taxus* muss frei gemacht werden, denn dort soll ja im Frühling etwas Neues hin.

Jedes Jahr richten wir in diesen Spätwintertagen ein Feuer.

Der Platz ist bereitet. Ein Ring in den gefrorenen Boden gebrochen. Sandeimer. Der Hackstock. Die Axt. Unser Glühweinkessel. Die Kiefernkloben als Sitzgelegenheiten. Der dürre Adventskranz soll ordentlich zündeln.

Doch bevor das Streichholz aufflammt, gibt es jedes Jahr Streit. Still in der eigenen Brust und laut mit der Familie und den Freunden, die zum Glühwein und ein wenig zum Helfen gekommen sind. Weil sich Winterschläfer, die womöglich unter dem hoch gestapelten Brennholz wohnen, durch uns gestört fühlen könnten. Wer weiß denn, ob ihnen der neue Komposthaufen, den ich gerichtet habe, gefällt. Ich hatte grobes Geäst, Birke und Buche, unter das Herbstlaub geschichtet, sogar ein paar schöne Eingangspforten gebaut. Ein Angebot zur Umsiedlung in ein, wie ich meine, viel besseres Quartier, in den neuen Höhlen gibt es sogar gutes Futter. Bucheckern, Kohlstrünke, Kartoffelschalen.

Ehe ich michs versehe, bin ich im Streit in die unpopuläre Partei geraten. Ich vertrete gegen die Stimme der Kreatur die Position von uns Menschen. Die wir zum Schluss auf der Erde erschienen sind. Unerwünschte, überflüssige

Eindringlinge im Gefüge. Höchstens Stoff für eine absolute Tragödie. Die Natur braucht uns nicht.

Ich streite schlecht, denn ich behaupte, der Igel muss uns jetzt mal als faire Konkurrenz akzeptieren. Der Mensch braucht Raum in seinem Garten. Platz für Gemüse und Blumen und für das Holz, das ihm die kommenden Stürme vor die Beine werfen werden. Ein nächster auf einen Männernamen getaufter Orkan ist ihm im neuen Mondkalender schon jetzt gewiss.

Eine kleine Flamme sticht durch die gebundenen Zweige. Wir füllen die Glühweinbecher, denn noch ist uns kalt.

Über den lodernden Adventskranz legen wir vorsichtig einen Ast.

Ruhig flammendes Birkenholz, zischende Eibe. Hochfahrend knisterndes Zwergfichtenreisig. Funken fliegen, von der Hitze getrieben, spitz und eilig aus den Flammen heraus, hoch in die kalte Nacht, wo sie bald aus der Finsternis herunterstürzen und zu schwarzen Ascheflöckchen verglühen. Die Sterne lächeln milde. Mitfühlend. Zu den Menschen hinunter, die sich am Feuer wärmen.

Im Kernholz ruht, gespeichert in seinen betagten Zellen, die Sonne, ihr Licht, ihre Wärme. Frei gewordenes Gas verbrennt. Wasser verdampft.

Bis nichts mehr da ist. Nur graue Asche. Darin in Folie verpackte Kartoffeln. Ich behaupte, dass sie mir schmecken. So bräunlich verkrustet, wie sie aussehen, will niemand kosten.

Rauchkartoffeln und süßer, lauwarmer Glühwein.

Ich bin allein mit der Asche. Ich bleibe, weil ich weiß, dass das Feuer unter der grauen Decke nur schläft. Ein kleiner Hauch kann es immer noch wecken. Rot zuckende Flämmchen. Ein verkohlter Ast glimmt wie bläuliches Glas. Im Laub des Komposthaufens ein Rascheln. Mäuse?

Kiwitt. Quittquitt. Das ist der Kauz, sein Ruf, als säße er irgendwo über mir in den schneeschweren Zweigen der Kiefer, aber das täuscht. Ich warte, weil es gut ist, zu warten, und weil nun ringsherum Stille einkehrt.

Werdegang

Der Winter war auf der Strecke geblieben, im Elstertal auf den Feldern kein Schnee mehr. Links schon die herzwärmenden Pilgerzeichen: Weinberge, Weinböhla, das Spitzhaus.

Erhebe dich, denk an die Brille, vergiss nicht den Schal. Die Elbe im Morgennebel. Canaletto-Blick links, rechts die Glaskuppel der Yenidze. Erhebe dich. Lass dich erheben.

Der Hauptbahnhof empfing mich dunkel und kühl, der Vorplatz im Schatten, doch bald, nach ein paar Stationen mit der Straßenbahn, warme Morgensonne. Frühling in Dresden.

Es war die Station am Großen Garten, wo ich aus der 9 Richtung Prohlis laut Evis Einladung aussteigen sollte. Ich hätte es selbst noch gewusst. Haltestelle Querallee.

Die Parkwiesen glitzerten, dampften feucht wie frisch gebügelt. Und schon waren vor den Touristen die ausgeschlafenen Dresdner zur Stelle. Auf den Wegen über die glatte Fläche verteilt – Radler und Leute zu Fuß.

Ich war weder Touristin noch Einwohnerin. Und auch niemand dazwischen. Unerkannte Täterin, als solche konnte ich vielleicht immer noch gelten.

Der Große Garten war über eine prägende Zeit einmal unser Terrain gewesen.

Als der Park vor Jahrhunderten für die Lustbarkeiten der Sachsenkönige hergerichtet worden war, hatte das Gelände weit vor der Stadt gelegen. Kupferstiche vom Anfang zeigen viel Symmetrie, rechtwinklige Beete, zielgerade Wege. Das hatte sich im Laufe der Zeit fast ins Gegenteil gemodelt. Die Natur kenne keine Geraden.

Genau diese dem Zeitgefühl gehorchende Offenbarung hatte der Gartenkünstler Peter Joseph Lenné zu seinem Gestaltungsprinzip gemacht: krumme Wege in den Parks in Berlin, Potsdam, Magdeburg und so auch in Dresden, vom Zoo über die Bürgerwiesen bis zur Kiesgrube, die einmal im Großen Garten zum Carolasee werden sollte.

Noch heute dominieren die Kurven, man geht erst einmal feiertäglich gelassen, gibt sich gemächlich, wechselt die Richtung, läuft in einer elliptischen Bahn, schwingt östlich, dann westlich. Als gäbe es in einem Park keine Uhren, keine Termine, keine Versprechen. Nur Müßiggang. Wer Zeit sparen muss und ein bisschen Mut und Verstand hat, latscht fix einen Trampelpfad.

Die Natur kenne keine Geraden. Das sei Gesetz.

So etwas konnten wir auf der Natur nicht sitzen lassen. Wir fanden Beweise, dass das nicht stimmte, nicht wahr sei. Überhaupt, was heiße denn überhaupt Gesetz. Gerade oder krumm. Schief oder glatt. Wir widersprachen, weil wir die neuen Jünger der Sonne und der Erde waren. Selige Unruhegeister. Immer sehr tüchtig im Gegenargumentefinden.

Wir jungen Agronomen und künftigen Gärtner. Die negativ geotropen Leitungsbahnen bei den *Monokotyledonen* – die hatte die Natur mit dem Lineal gemacht.

Ich spazierte zwischen hellvioletten und gelben Krokussen, gelben Winterlingen. Die Blüten öffneten sich unter der Sonne, die Gräser strebten ziemlich gerade zum Licht.

In Sichtweite, in der Mitte, das musste das fast fertig restaurierte Gartenpalais sein. Ein nobler frühbarocker Bau, schlicht und prachtvoll zugleich, der zu meiner Zeit über ein halbes Jahrhundert eine luftige Ruine gewesen war. Birken wucherten auf den Balustraden. In den Fugen hatten sich Pionierpflanzen angesiedelt.

Das zerbombte Dresden war für mich langsam ein bisschen zum alten Rom geworden. Oder zum antiken ruinengeschmückten Paestum.

Ich liebte die Trümmer, wenn ich aus der Neustadt kommend über die Elbbrücke radelte, das Abendrot hinter der Schlosskulisse. In den Fensterhöhlen alle Farben des Himmels. Glitzernder Neuschnee auf dem hohlen Zahn der Frauenkirche. Und beim Heimkommen den weiten Blick vom Bahnhof gleich hinein ins alte Zentrum der Stadt, ein paar Neubauten, kommunaler Wohnungsbau Grunaer Straße, dazwischen schwarze Sandsteinwände. Eine Schafherde rings um das Lutherdenkmal, Steinbrocken, Stufen, eine doppelläufige Treppe, oben nichts, höchstens Steine und Birken, unter der Brücke, die noch zu Kriegszeiten repariert worden war, die ziemlich eigensinnige Elbe.

In den Mauern des Gartenpalais hatten über die Jahre, während wir Gärtnerlehrlinge, dann Gehilfen, später Obergärtner, schließlich Rentner geworden waren, Fledermäuse, Kobolde samt Dornröschen gelebt. Betreten verboten, weil Lebensgefahr.

Ich wickelte meinen dicken Schal vom Halse, legte einen Schritt zu, um nicht zu spät zu kommen. Die Richtung stimmte, Vergangenheit und Gegenwart schlingerten hin und her.

Der Carolasee hatte immer versteckt hinter knotigen Weiden gelegen, am Uferweg eine Hinweistafel »Carola-

schlösschen« und dann gleich Gartenstühle, dazu ein Behelfsbau. Brikethaufen, Schubkarren. Gestapelte Kisten. Aus einem Fenster ragte ein Rohr, das war die Küche der HO-Gaststätte. Ein Betrieb, der niemandem gehörte. Ein Ort ohne Eigentümer. Eine volkseigene Handelsorganisation. Es hätte genauso gut eine Konsum-Gaststätte sein können, mit Brikett und Kisten, gleichfalls ohne Besitzerchef. In der HO gab es schon »Freie Spitzen«, also Bockwurst mit Semmel ohne Lebensmittelmarken, in einer Konsum-Kneipe hätte man über Jahre unbedingt noch Fleischabschnitte gebraucht.

Also doch Unterschiede. Feine zwar, aber von Interesse. Denn wir hatten einfach immerzu Hunger. Unvergessen die Pausenglocke, liebliches Geläute. Der Kübel mit dem Lehrlingsessen stand bereit. Wir eilten aus allen Ecken zur Stelle. Aus den Gewächshäusern, von den Staudenbeeten, vom Fensterkitt und Glas, den hundert reparaturbedürftigen Rahmen.

Die Erde hatte sich gedreht. Mehr als sechzig Mal um die Sonne. Denn so viele Jahre waren vergangen.

Nach so vielen Jahren hatte die unternehmungslustige Evi diesmal auch mich ausfindig gemacht und eingeladen zum Wiedersehen. Ganz nahe an die Stätte unserer blumigen Vergangenheit. Treffpunkt im »Carolaschlösschen«, Terrassenrestaurant, Spitzenküche, später würden wir rübergehen ins Reich der Flora zu unserer Nährmutter, Alma Mater, die eigentlich ein Vater, ein Lehrmeister war oder ein Raum und eine Zeit.

Gewächshäuser, Frühbeete, Himmel und Erde – sehr viel verschiedene Erde, Kompost, Lehm und Sand, Heide-, Moor- und Lauberde, Torf.

In der zerstörten Stadt, in ihrer schwer verwüsteten grünen Mitte, dem Großen Garten mit besagtem kaputten Palais, hatte das kommunale Aufbauwerk drei Jahre nach dem Krieg angrenzend an die alte Herkulesallee ein bungalowartiges hufeisenförmiges Gebäude errichtet. Zwei Umkleideräume, eine schmale Küche für Schüsseln, Essenkübel und warmes Wasser, ein Büro für den Meister, dazu einen größeren Mehrzweckraum für Pausen, Fachvorträge und Jugendprogramm.

Teerpappe genügte als Dach, die Außenwände waren mit gelbgrauem Mörtel deutlich im Stil des ebenfalls neuen Theaterhäuschens vom Sachsenkasper verputzt. Sauber, unauffällig. Barock ohne alles. Der Putz und die Traufhöhe passten ungefähr zu den unversehrten Kavalierhäusern im Park. Neubau wie eine erste vorsichtige Kunde vom Nachkriegsmenschen. Von seinen über die Katastrophe geretteten Fähigkeiten. Hammer, Zirkel, Ährenkranz.

Eine kupferne Dachrinne leitete das Regenwasser über ein Fallrohr in einen Brunnen.

Der Große Garten mit seinen Gebäuden gehörte zum Verbund der Dresdner Parks, Grünflächen und Gärtnereien, der, wie das »Carolaschlösschen«, wie Fabriken, Schulen, Straßen- und Eisenbahnen, zum Teil der Stadt, zum Teil dem ganzen Volke gehörte.

Kommunales und Volkseigentum.

Hinter dem neuen Zweckbau zog sich ein weites Areal, Freiland, Gewächshäuser, lange Frühbeete aus gegossenem Beton. Am äußersten Ende ein Geräteschuppen und zwei Plumpsklos.

Die Hintertüren führten auf einen gepflasterten Vorplatz, eine Sammelstelle für die morgendliche Begrüßung, für Donnerwetter und fachliche Unterweisungen. Hier krochen wir in der Frühe aus dem Jungs- und Mädchenkabuff,

hier hielten wir, bevor der Arbeitstag anfing, in Hitze und Kälte still, ziemlich zerlumpt, das wussten wir, doch wir wussten zum Glück nicht, wie einfältig wir waren. Ein aus der Welt gefallener Haufen, eigentlich noch Kinder. Geimpft gegen Pocken, Wundstarrkrampf, Diphtherie, Scharlach, Masern und gegen den Krieg.

»Nie wieder Krieg«. Vierzehn Buchstaben längs der Hausfront draußen an der Allee, gepflanzt aus weißen Stiefmütterchen, *Viola tricolor*, Sorte ›Prinz Albert‹. Wir hatten als Siebenjährige in Bunkern und Luftschutzkellern gesessen, die Häuser brannten, es lagen Tote herum. Der Zufall hatte uns am Leben gelassen.

Viola tricolor im Frühjahr. Im Sommer eigneten sich Begonien am besten. *Begonia semperflorens* ›Trost‹, eine weiße pilzresistente Sorte. Unsere simple Idee in blühenden Buchstaben. »Nie wieder Krieg«. Ausputzen, bei Trockenheit vorsichtig gießen. Wöchentlich einmal düngen, Stickstoff, Phosphor, Kali, nach einem Mischungsverhältnis aus dem Lehrbuch und nach Schaufelgefühl.

Kali hatten wir genug von den volkseigenen Kaligruben im Thüringer Becken. Roßleber Kali gaben wir eine Prise mehr, dafür etwas weniger Phosphor. Guter organischer Phosphor war eine Mangelware mit Lieferengpässen. Er kam aus Peru zu uns nach Dresden, wahrscheinlich mit dem Schiff durch den Panamakanal über Hamburg auf einer Zille elbaufwärts in den Pieschener Hafen, wie durch ein Wunder. Guano hieß der kostbare Stoff. Wir mussten sparen, die Begonien, das ganze Grünzeug kurzhalten mit Phosphaten. Wir schummelten, wir umschifften, missachteten wieder einmal ein Gesetz. Wir kannten es aus der Düngerlehre.

Im Treppenhaus der Berufsschule hingen Schautafeln. Eine zeigte einen Holzzuber, der aussah wie die Pfusch-

arbeit eines Böttcherlehrlings oder wie von einem Spaßvogel gemacht. Die Dauben des Zubers sollten Pflanzennährstoffe symbolisieren. Die Kalidaube war viel niedriger als die vom Stickstoff und die vom Phosphor. Es war ganz klar, dass das Gefäß nur bis zur tiefsten Daube gefüllt werden konnte. Was drüber war, lief raus. Sollte heißen: Die Pflanze richtet ihr Wachstum nach dem Dünger, der ihr am geringsten gereicht wird. Der komische Trog sollte uns vor Augen führen oder für immer hinter die Ohren schreiben: Mehr von etwas anderem als vom Geringsten ist sinnlos.

Gesetz des Minimums. Das hatte Justus von Liebig vor hundert Jahren an der Universität Gießen herausgefunden.

Wir hatten einfach noch einmal ungesetzlich, stillschweigend die tiefe Daube missachtend, mit Kali gegossen.

Darauf hatte unser »Nie wieder Krieg« in der Herkulesallee wahrlich üppig geblüht. Die Spaziergänger winkten und grüßten über den Zaun. Gärtner, so ein schöner Beruf. Immer an der frischen Luft.

Wir grüßten höflich zurück.

Li, vortreten!

Ich höre noch den Befehl, wie er tönte. Ein Jahr Ausbildung im VEB (K) Gartenbau und Landschaftsgestaltung war bereits überstanden, zwei Jahre würde es dauern, bis man Gärtner war.

Ich schob mich auf dem Vorplatz an meinen Kumpanen vorbei unter die Augen des Meisters.

Wir gratulieren dir zum Geburtstag.

Peinlich, so in der Mitte zu stehen.

Nun war ich fünfzehn, eigentlich ein gewöhnlicher Geburtstag, denn voll bezahlen musste ich schon seit dem vorigen Jahr. Ab vierzehn kostete es in der Straßenbahn, in der Bibliothek und im Arnhold-Bad Erwachsenentarif.

Li, du verschwindest heute ins Warmhaus. Stecklinge
schneiden. Ihr anderen ab ins Gelände, Laub rechen, Säcke
stopfen, Kästen packen.

Warmhaus, das war ein Geschenk.

Es gab echte Knochenarbeiten. Kalkschlamm-Schattie-
rung abschrubben, Frühbeete abdecken, Fenster schleppen,
Frühbeete wieder zudecken, Erde karren, bei Hitze Schat-
tierbretter legen oder Strohmatten rollen, bei Frost Treib-
tulpen aus dem Einschlag graben, kostbare kleinfingerfeine
Triebe, wie Glas so zerbrechlich. Schnee von den Dächern
der Gewächshäuser schieben. Kompost umsetzen.

Ich habe an dem Tage, als ich fünfzehn Jahre alt wurde,
die Gattung der Schiefblattbegonien vermehrt. *Begonia rex*,
eine Warmhauspflanze. Zuerst musste ich mein Stecklingsmesser schärfen, das dauerte seine Zeit.

Spezialmesser, Wetzstein trugen wir seit Anbeginn in
der Latzhosentasche. Ich hatte als Kind oft das Kuhhorn
mit Wasser gehalten, wenn der Großvater die Sense oder
eine Sichel wetzte, damals, im Hirschberger Tal. Rhyth-
misch, flott, ziehend, etwas Wasser, damit die Klinge glitt,
aber nicht zu viel, damit die Klinge den Wetzstein trocken spielte. Streichen, streicheln. Ich ging auf einem vor-
bestimmten Weg. Ein scharfes Stecklingsmesser, das war
die Voraussetzung für einen guten Stecklingsschnitt und
dass die Stecklinge Wurzeln schlugen.

Es galt, kräftige, in der Farbmaserung besonders schöne
Blätter von den Mutterpflanzen zu ernten. Auf starke, gut
durchblutete Blattadern musste ich achten. Ich arbeitete
auf Buchenholzunterlage, nicht auf Glas, denn auf Holz ge-
lang mir die Schnittführung besser, kaum Verletzungen der
Adern, das wäre ein Manko gewesen. Ich schnitt Dreiecke.
Das hatten die älteren Lehrlinge in einer Versuchsreihe herausgefunden, der Dreiecksteckling sei im Vergleich zu der

Ganzblattauflage die effektivere Methode der Rex-Begonien-Vermehrung. Doch letzte Einigkeit gab es nicht.

Macht, wie ihr wollt. Der Obergärtner, Meister, Lehrausbilder drehte sich auf dem Absatz.

Wir sahen oft seinen Rücken. Lyssenko. Mitschurin, das Nestpflanzverfahren. Macht, wie ihr wollt. Probiert und entscheidet.

Wieder diese verzwickte Freiheit.

Ungefähr 150 Stecklinge haben Wurzeln geschlagen. Sie wuchsen, wurden verkauft, die schönsten kamen als Mutterpflanzen in die Vermehrung. Du darfst dir vorstellen, dass es immer so weitergeht. Die *Begonia* lebt. Am liebsten in Südamerika, so groß wie eine Silberpappel.

Strenge Winter, heiße Sommer. Das sind Erinnerungen. Darüber würden wir heute im »Carolaschlösschen« schwatzen und lachen. Und über unseren Lehrmeister, meist haben wir ihn Ei Ta genannt. Manchmal passte Abkanzler besser, aber eigentlich vom ersten Tag an Ei Ta.

Wisst ihr noch, montags hat er auf die Schärfe unserer Stecklingsmesser und Hippen Zensuren verteilt. Geprüft wurde an einem Ficusblatt oder an einem Streifen Zeitungspapier. Ein Hieb und ab.

Wisst ihr noch. Die Messerzensuren.

An den anderen Tagen Ausbildungsberichte und Wetteraufzeichnungen. Ei Ta bestimmte das Tempo.

Husch, husch, die Waldfee. Das war sein Weckruf. An manchen Tagen hatte man einfach Glück, Massel, Schwein. Man zupfte Cyclamenblüten, man bereitete Pflanzkisten vor, arbeitete mit Lineal und selbstgeschnitzter Pinzette im schattierten Verbinder, pikierte die ganze Woche millimeterkleine Sämlinge der *Gloxinia speciosa*, haarfeine Wurzeln, hauchzarte Blättchen.

Gerne dachten wir an solchen besinnlichen Tagen darüber nach, wie es wäre, wenn man dies und das plötzlich haben würde. Neue Lederschuhe, ein Nickituch oder eine Tarnkappe.

Ei Ta wünschten wir eine Bimmel ans Hosenbein. Gebimmel, wenn er durch eine Hintertür käme. Er würde uns nie mehr überraschen. Wir würden den Kater schon von Ferne hören. Wie die Mäuse im Märchen, die, wie wir, ungestört in einer vergnügten Welt leben wollten.

Lauter fromme Wünsche. Hatte nicht die Sache mit der Bimmel sogar im Mäusemärchen ganz schnell ein Ende gefunden? Weil sich keine Maus fand, die das Anbringen der Bimmel übernommen hätte – niemand wollte so blöd sein, vom Kater gefressen zu werden.

Nur die, die nicht gestorben sind, leben noch heute.

Der strenge Winter hatte auf dem Carolasee eine schwarze Eisscholle hinterlassen. Darauf eingekratzt die Kurven und Linien der Schlittschuhläufer. Enten badeten am Rand. Mandarinerpel im prächtigen Winterkleid.

Man hatte auf der Restaurantterrasse flink für Laufgäste ein paar Tische eingedeckt, Speisekarten, Servietten. Stühle mit roten Decken, ein Sonnenschirm, denn die Sonne brannte.

Evi hatte eine Tafel für zwölf Personen bestellt. Zum Mittagessen, reserviert für etwa drei Stunden. Drinnen, oben auf der Galerie, mit draußen war den ganzen März nicht zu rechnen gewesen. Wer hätte gestern an den Frühling gedacht.

Es war uns recht so und nicht notwendig, dass wir von oben durchs Fenster einen Seeblick hatten.

Vier Männer und vier Frauen waren gekommen.

Na immerhin.

Kumpel. Kollegen. Einige der einstigen Lehrlinge hatten sich über die vielen Jahre nicht aus den Augen verloren. Die meisten waren Dresdner geblieben. In der Saatzucht, in der Verwaltung von Centraflor, leitende Angestellte in großen volkseigenen Gärtnereien, weil sie einen Fachschulabschluss hatten. Pillnitz, Werder, das waren Stationen, wo man sich nach der Lehrausbildung im Fach weiterqualifizieren und außerdem den Richtigen oder die Richtige kennen- und lieben lernen konnte. Floristinnen oder Obstbauingenieure.

Nach der Vereinigung, als der Osten mit seinem Volkseigentum ziemlich plötzlich nicht mehr existierte, galt es, noch sieben Jahre irgendwo weiterzuackern. Siggi, eine von den letzten Jahrgängen, den Jüngeren also, konnte sich so spät im Leben ein neues, ganz anderes Berufszeugnis holen. Als Finanz- und Steuerberaterin.

Ich kann dir sagen. Zahlen statt Blumen, aber nie im Regen, stets unter Dach.

Manche waren trotz der fast drei Jahrzehnte Mauerlebens in der weiten Welt verschwunden. Letztes Zeichen von Abbi ein Brief aus Konstanz am Bodensee. Walli verschollen an der BAM, der Baikal-Amur-Magistrale, wo sie sich neben anständig Knete einen PKW-Bezugsschein und ein Neubauwohnungsanrecht erwirtschaften wollte. Hei geschieden, krank, mit schönem Garten irgendwo im Gebirge.

Unterdes waren von den Nachkriegsstartern, den Lehrlingen der fünfziger Jahre, einige gestorben. Nicht überraschend, sondern wie es die Natur bestimmte.

Weil die Zeit gekommen war.

Nach und nach wurden Namen genannt. Als wir das Essen bestellt hatten. Mot, der war Diplomat geworden und in China gestorben. Wohl als Erster von uns allen, in der Ferne zu Grabe getragen, damals sehr jung noch.

Und nun habe Schla ganz plötzlich die Augen zuge-
macht, er, der doch noch gut auf den Beinen gewesen war,
er sei telefonisch vor einer Woche an das Treffen heute erinnert worden, eigentlich sei er immer dabei gewesen, auch
beim vorigen Mal, nun könne er nicht bei uns sein. Aus besagten Umständen.

Nicht mehr unter uns. Schla.

Ach.

Wir schwiegen. Evi erzählte. Wenn er nicht gestorben
wäre. Wie die meisten ihn kannten, den Langen, von der
anderen Seite der Elbe, wenn nicht mit Fahrrad, kam er mit
der 8, im Winter immer mit der 8. Im späteren Leben viele
Jahre tätig in der Landschaftspflege, aktiv beim örtlichen
Naturschutz.

Ein Ornithologe, Vogelmensch.

Ach.

An einem Zwölfertisch musste man brüllen. Einige Um-
stände im Dunkeln lassen. Es war sowieso zu spät. Dass er.
Wer? Der Schla! Den Kuckuck über Jahrzehnte beobach-
tet hatte, mit Kameras von Pentacon das abgelegte Ei, den
geschlüpften Jungvogel. Schla hatte infrarot gefilmt, man
konnte sehen, was der nackige Kerl für eine schlaue Tech-
nik hatte. Schla nackig, warum? Nein, der junge Kuckuck,
schlau, um die Eier der Vogeleltern rückwärts aus dem Nest
zu rollern. Mit dem Bürzel. Der war immer schon so. Schla
und der Kuckuck. Oder einer von beiden.

Schla, ich hatte ihn im Gedächtnis. Groß, mager, mit
dünnen dunkelblonden Locken, ein linkischer Kerl, wie
mein Enkel, der jetzt sechzehn Jahre alt wird. Nun sollte
ich mir Schla als alten Mann vorstellen.

Er wäre bestimmt gekommen, meinte Evi. Wie vor zwei
Jahren. Mit Tablettenschachtel, Hörgerät, Asthmaspray,
Ausweis für Erste Hilfe im Portemonnaie. Gut drauf, wie

gesagt. Eigentlich hatte er es versprochen. Er wollte kommen.

Fest versprochen.

Dieser Lümmel, mit dem ich im hinteren Kompostgehege wochenlang Erde hin- und hergeschaufelt hatte. Dieser sonst immer zuverlässige Schla.

Hölle, so haben wir das Gehege genannt. Hölle. Das Gedächtnis weiß noch, wie wir uns angeödet haben, weil wir ohne die anderen Kumpane arbeiten mussten. Zu zweit konnte das Leben ziemlich langweilig sein, besonders in der Hölle. Zu zweit in der Hölle, das konnte die Hölle sein. Eine Strafe. Wir waren angewiesen auf die anderen, Abbi, Hose, Schöne Inge, Evi, Mot, Walli, Zahn, Hei. Auch ich gehörte zur Mannschaft, selten in der Mitte, meist maulfaul irgendwo am Rand.

Erst als Gruppe wurden wir lebendig, sogar witzig, frech, stark, manchmal unleidlich, nicht wiederzuerkennende Wesen aus der Unterwelt, sieben Sachsen und drei oder vier, die konnten kein Sächsisch, aber wir ließen sie reden. Komisch, mit verdrehter Zunge. Böhmisch oder bayrisch. Ich zählte zu den Sachsen. Wenn man still war und keine Reden hielt, fiel das falsche Hilfstuwort nicht auf, und das schlesische Tippla passte sich an. Da hots an Stuhl, an Löffel oder an Tippla. Am Baum des Schweigens hängt die Kumpanei. Ich gehörte dazu. Weil ich die Klappe halten konnte.

In der Hölle wurde, ferne vom lustigen Leben, Erde bewegt.

Eine schwarze Mischung, Heideerde, Kompost und Sand, für die *Cyclamen*, die, husch, husch, aus den Pikierkisten in Sechserton getopft werden mussten.

Sieben Wochen, Tag für Tag Hölle. Wir schaufelten die Erde in den Dämpfer, darin sollten die Unkrautsamen, alle sogenannten Schädlinge durch Hitze abgetötet wer-

den. Keimfreiheit, das war das Ziel. Altmodisch, unsinnig, einfach zum Fürchten. Die Dämpfkessel sahen aus wie umgebaute Kanonen, uralt, die Kessel und die Methode.

Meine Schaufel trug mein Zeichen, ein geschnitztes Kreuz, andere hatten mit Kopierstift ein Monogramm auf den Schaufelstiel gemalt. Wir hielten zu unserem Werkzeug, weil uns die Schaufeln ans Herz gewachsen waren. Eigen Schweiß, gar eigen Blut klebte am Stiel.

Wir schaufelten Erde.

Eintracht und manchmal Wut. Alles hatte eine Norm, eine Zeit. Drei Dämpfkessel am Vormittag.

Der Koks musste glühen, die Temperatur musste steigen, die Erde sieden und dann wieder abkühlen. Dann quoll Dampf aus dem Eisenkessel. Die gekochten Käfer und Engerlinge, die Regenwürmer, sogar manchmal Hutschken und Kröten, Mäuse, eine Amsel. Es stank. Schla musste kotzen. Tee vom Frühstück und graue Brocken. So dass auch ich kotzen musste. Irgendwie kotzten wir uns zum Trost.

Wir machten auch Schaufelpausen. Wir steckten das Ende vom Schaufelstiel unter die Jacke, wir ließen uns fallen, wir hingen, die nackten Hände ragten aus den Ärmeln, manchmal verdrehten wir die Augen und steckten die Zungen raus.

Wehe Schleicher Ei Ta erwischte uns so. Beim Verhohnepipeln.

Ei Ta durfte uns beim Verhohnepipeln der leidenden und unterdrückten Menschheit nicht erwischen. Und beim Faulenzen.

Achtung! Schleicher Ei Ta kommt. Wenn wir gut waren, nahmen wir, am Schaufelstiel hängend, die Füße kurz hoch. Das schwebende Elend. Galgenvögel. Wir durften uns nur nicht erwischen lassen.

Schla. Der ist also kürzlich gestorben. 82 Jahre alt.

Einmal haben Schla und ich in einer Schaufelpause die Schwielen an unseren Händen verglichen, deine und meine wässrigen Blasen, darauf ganz schnell ein bisschen gerülpst. Cotz clorum gesagt. Ein Urteil in den Worten einer Sprache, die gerade auf unserem Terrain im Entstehen war. Weder bayrisch noch böhmisch noch schlesisch. Vielleicht etruskisch und indianisch, gemischt mit Gärtnerlatein.

Fotos werden herumgereicht.

Die Serie, wo wir, alle drei Lehrjahre zusammen, einen Ausflug in den Tharandter Forstgarten unternommen haben. Da sitzt Schla auf dem Baumstamm in der Mitte, hohe Stirn, verschwitzte Locken, vielleicht Schwielen an den Händen, jedenfalls so alt wie Jakob. Ich kneife die Augen zu, gedankenverloren. Jung oder alt oder Schla oder ich.

In der Lücke an der Tischseite schräg gegenüber, hinter der Säule mit den Mänteln, da steckt nun mein alter Kumpan, schlapp, ungefähr, als hinge er am Schaufelstiel, jetzt verdreht er auch noch den Kopf, weil er schlecht verstanden hat, was gerade gesagt worden war. Ach, ach, nicht einmal der beste Traum kann Versäumnisse inszenieren. Der Traum mixt nur gelebte Bilder und Töne. Es wispert eine Stimme: Erkennst du mich nicht, ich bin doch der Schla, und wer bist du? Du Graugans?

In unseren Ohren säuselt und zischt die Dämpfmaschine.

Es wäre wohl ein Geschenk gewesen, dem Erdmenschen alt zu begegnen. Possum, sed nolo. Falsches und echtes Latein. Do swidanija, drug. Drushba, towarischtsch.

Schla, der kommt nimmermehr.

Und so geht das weiter, weiter vor leergegessenen Tellern.

Das Restaurant »Carolaschlösschen« hat heute Hochbetrieb. Neuer Besitzer. Das spricht sich rum. Die Servietten,

Leinenoptik, haben wir nicht benutzt, weil zu schade. Wir stecken sie schnell als Andenken in die Tasche, denn schon fängt das Abräumen an. Korpulente Serviererinnen, das fällt auf. Sieht man aber jetzt öfter. Freundliche Dicke, schlau, werbewirksam, regt bestimmt zum Dessert an.

Wir nehmen alle noch einen Cappuccino.

Abbi war von der Oberschule zu uns gekommen. Ein Abiturient, aber er hat sich nie als Klugscheißer hervorgetan. Er hat mitgemacht, was blieb ihm anderes übrig. Es musste ja auch für ihn jeden Tag Feierabend werden. Schuften. Die Welt sollte blühen, und wir sollten lernen, warum und wie. Deswegen haben Abbi und ich an der südlichen Begrenzung unseres Refugiums im heißen Juli und einen langen langweiligen August in den Staudenrabatten gearbeitet. Zweiter Sommerausputz und Rückschnitt, Pflege der alten Bepflanzung. Teilen der ausgewachsenen Stauden. Eventuell Wechsel des Standortes. Beachtet die Wuchshöhe und Zeit der Blüte. Macht die Augen auf, denkt nach, stellt euch Farben und Formen vor, Schatten und Licht.

Die Südrabatte sollte jetzt und in den nächsten Monaten und dann wieder nächsten Sommer, besonders im nächsten Sommer und im übernächsten, schön aussehen. Schöner. Am schönsten. Denn eine Staudenrabatte gewinnt mit den Jahren. Dafür wurde die Staude gezüchtet. Winterfeste *Campanula*, *Helenium*, *Phlox* usw. Pflanzen, die wegen ihrer Ausdauer und Schönheit gefallen. Für unsere Arbeit gab es Einzelzensuren. Fleiß. Ordnung, Fachwissen, also Sortenkenntnis und Gestaltungssinn.

Ei Ta kam vorbei, um zu kontrollieren. Er stellte Fragen und schimpfte, weil wir erschreckend wenig *Delphinium*-Sorten aufsagen konnten. Karl Foerster hatte allein über hundert Sorten gezüchtet. Also bis nächste Woche *Delphi-*

nium, Familie, Verwandtschaft, Bodenansprüche, alles, was dazugehört.

Wir hockten mit kleinem Handspaten und Schere, fielen auf die Knie. Ei Ta immer noch über uns. Sein Schatten, seine Rede.

Die Welt ist Materie, Raum und Realität. Die Pflanzen sind der Atem des Lebens. Sie formen alles um, die zerfranste Materie plus die im Kosmos versprengte Sonnenenergie. Wir stocherten, rutschten weiter, zwischen abgeblühten *Helenium*-Sorten, schnitten ›Rauchtopas‹ und ›Goldrausch‹. Seine Stimme, sein Schatten von oben. Heliotropismus. Photosynthese. Das war sein Thema, eigentlich seine Religion. Es summte, Wespen summten, oder es summte in unseren Köpfen. Die Rede unseres Herrn vom Weltgebäude herab.

Die Pflanzen sind der Atem, die Verbindung zwischen Himmel und Erde. Wir richteten uns kurz auf, gingen wieder in die Hocke, krumm, mit geneigtem Ohr. Das Summen war geblieben, der Schatten war gegangen.

Am nächsten Morgen im versammelten Kreis bekamen Abbi und ich eine schlechte Fleißzensur. Frisch gepflanzte Stauden ungenügend mit Wasser versorgt. Das war ärgerlich, für mich und für Abbi. Hatten wir nicht zweimal zwölf Gießkannen vom Brunnen zu den Rabatten geschleppt, mindestens aber zweimal sieben. Eine Ungerechtigkeit.

Ihr lernt wenigstens was. So die Meinung der Kumpane aus den anderen Gärtnereien, die wir in der Berufsschule trafen.

Abbi saß in den Unterrichtsstunden mit seinem Freund, der die praktische Ausbildung in den Laubegaster Moorbeetkulturen machte, auf einer Bank ganz hinten. Die beiden schrieben nicht mit, sie wussten schon alles. Verbindung der Nitrate. Winkelberechnung. Geschichte der KPdSU (B).

Russisch. Gärtnerlatein. Ihr Blick ging souverän über unsere gebeugten Rücken hinweg. Vielleicht dachte Abbi damals schon an Konstanz, an Verwandte, eine Erbschaft, es gab ja bereits das Wirtschaftswunder und Verdienstmöglichkeiten in Westgeld.

Auf den Ausflugsfotos sieht man, dass Abbi ein hübscher Kerl war, sportlich, mit schwungvollen Augenbrauen, das Haar ein schwarzer Ritterhelm. Überfallhose. Breiter eng gezurrter Ledergürtel. Das karierte Hemd Sommer wie Winter hochgekrempelt.

Frierst du nicht? Warrrum. Wir hatten uns an seine Zunge gewöhnt, die konnte kein kurzes sächsisches Ä und kein rundes O und kein richtiges Rachen-R. Abbi rollte beim Reden.

Auf einem größeren Foto sieht man uns im Schulungs- und Essensraum, wir haben uns in der Mitte um einen Tisch versammelt. Die anderen Tische und auch die Bänke stehen beiseitegeschoben an der Wand.

Gewiss hatten wir in dieser Zeit bereits unsere eigene Sprache, einen Sound, den außer uns niemand verstehen konnte. Struek over non mamforum. Oken dröver et bulbosum. Rüpellatain. Gift für Ei Ta.

Wenn er nahte, fielen wir in ein eigensinniges Schweigen. Meditation.

Da konnte er nicht meckern. Wir waren ein lumpiger doppelzüngiger Haufen.

Ein großes Foto zeigt uns alle befremdlich blitzsauber in weißen Mänteln.

In der Mitte Abbi, aus den hockgekrempelten Ärmeln guckt sein kariertes Hemd. Wir sind keine Engel, aber uns ist große Freude widerfahren. Auf dem langen Mitteltisch stapelt sich die Bescherung: Mikroskope, Bunsenbrenner,

Reagenzgläser, Tinkturen. Ein perfektes Labor. Der Club junger Agronomen. Rechts auf dem Foto steht eine Bodenvase mit Gladiolen, dahinter eine aufgerollte Fahne.

Abbi hält ein Reagenzglas gegen das Licht. Wahrscheinlich eine geschlämmte Probe, ein Teelöffelchen Erde vom Depot aus der Hölle, eine pH-Wert-Untersuchung. Wahrscheinlich erklärt Abbi uns gerade mit rollendem R, dass der getestete Boden als ziemlich sauer einzustufen und damit immer noch gut sei für – na für was?

Wahrscheinlich denken wir in unseren sauberen weißen Sachen über den sauren pH-Wert nach. Entscheiden uns für Farne, *Adiantum*, *Nephrolepis*, *Pteris*, das kann nicht falsch sein. Die Erde taugt für Farne. Das sieht man und riecht man eigentlich. Gute Erde für Farne. Das spürt man zwischen Daumen und Zeigefinger, die Krümelstruktur, den Humusanteil, die feuchtsaure Konsistenz. Trotzdem, wir schauen auf dem Foto alle neugierig auf das Ergebnis im Glas, das getönte Lackmuspapier.

Abbis Hände.

Links hinten äugt Ei Ta. Gleich wird er sich auf dem Absatz umdrehen und verschwinden.

Ein Transporter aus Jena hatte eines Tages vor unserer Behausung in der Herkulesallee gehalten. Ein Fahrer hatte Lieferscheine vorgewiesen.

Und bereits die Laderampe aufgestemmt.

Ei Ta hatte schnell unsere Stärksten herbeikommandiert. Sackkarre. Bretter. Rutsche. Schiefe Ebene. Er behielt die Übersicht, das Kommando. Wird schon seine Richtigkeit haben. VEB (K) Grünanlagen und Landschaftsgestaltung. Lehrbetrieb. Die Adresse stimmte.

Holzkisten wurden entladen. Vorsicht Glas, nicht kippen. Durch Türen, über Stufen in den Mehrzweckraum.

Später beim Auspacken waren wir alle dabei.

Es war an einem Sonnabend. Am Vortag hatten wir nach Feierabend rings um die Kisten herum die Bude gescheuert, Dielenbretter, Paneel, die Tische. Die Fenster geputzt. Alles glänzte, wie es sich für ein hohes Fest gehörte, Weihnachten, Ostern, für die Bescherung. Der Raum durfte vorerst nur noch in Straßenkleidung mit sauberen Schuhen oder in Socken betreten werden.

Die Holzkisten in der Mitte.

Ei Ta war zugegen, als die Eisenbänder fachgerecht mit dem Bandschneider durchtrennt, dann die Deckel mit einem Kuhfuß aufgestemmt wurden. Nun mal ran, husch, husch, die Waldfee.

Aus einer Kiste holten wir lauter druckfrische Bücher. Romane, Gedichte. Philosophie. Naturwissenschaftliche Sachen. Das war schon unerhört genug. Wir stapelten freudig auf einem Seitentisch verschiedene Türme. Nach Sachgebiet oder Einbandfarbe. Oder Format. Auch große Kunstbände waren dabei. Sowjetische Verlage. Goldschrift. Die Stalin'schen Pläne zur Umgestaltung der Natur. – »Waldschutzgürtel und Sibiriens Ströme«. »Der stille Don«. »Die junge Garde«. Kleine schmale Bücher. Seneca, Virgil. »Hirtengedichte«. »Das Gastmahl des Trimalchio« in schöner Pappe. Sieben Bände mit Schriften von Heinrich von Kleist. Arthur Schopenhauer.

Aus den nächsten Kisten holten wir das Labor, die Fotoausrüstung, die Mikroskope. Brachten die Schätze ans Licht der Sonne, das durch die blank geputzten Scheiben fiel. Braune Flaschen, Zubehör, Instrumente. In Ölpapier verpackte Bunsenbrenner. In einem Karton mit dem Absender *Wäschefabrik Aue/Erzgebirge* zwei Dutzend weiße Labormäntel.

Unsere Ohren glühten.

Jetzt waren wir wahrscheinlich reich.

Als der letzte Glaskolben aus der Holzwolle herausgewühlt war, guckten wir erschrocken auf Ei Ta, was der zu dem ganzen Zauber für Miene machte. Der stand schon an der Tür. Statt: Macht, wie ihr wollt, sagte er: Nun seht mal zu. Und beim Rausgehen, über die Schulter: Macht was draus. Er verschwand mit besorgt erhobener linker Augenbraue, eigentlich mit seinem normalen Blick, links gehoben, leicht gerunzelt, schief. Sein Gesicht. Macht was draus. Er ging ins Büro, die Abkanzlei, wie wir seine Höhle nannten. Ei Ta, der Abkanzler.

Noch am nämlichen Sonnabend schrieben wir eine Liste.

Wir brauchten ein neues Sicherheitsschloss für den Essens- und Schulungsraum. Regale. Schränke. Verantwortung. Ordnung. Termine. Jeder bekam eine Aufgabe. In der Volkshochschule anmelden. Grundkurs Fotografie. Abbi kannte einen Laboranten. Mot sollte einfach mal das Mikroskop auseinanderschrauben und für Präparate sorgen. Einfach loslegen, üben, experimentieren. Trägerplatten, Deckplatten, ein Gerät für superfeine Schnitte, alles war da.

Ich glättete einen Stapel Packpapier, denn die Bücher sollten, bevor die Ausleihe anfing, eingeschlagen und mit Nummern gekennzeichnet werden. Ich war ja Leserin in der Bibliothek am Sachsenbad. Ich glaubte mich kompetent. Über Sonntag nahm ich in meiner neuen Funktion als Leiterin der Bibliothek des Clubs junger Agronomen schon einmal ein Buch von Leo Tolstoi mit nach Hause.

Ich bewunderte Bibliotheken, lange Regale, sehr viele Bücher, dazu tüchtige Leute, die damit umgehen konnten, Leute, die sich Schliche ausgedacht hatten, eine Ordnung mit großen und kleinen Buchstaben, dazu römische und arabische Zahlen, so dass sie in der Masse fast immer

das Richtige finden konnten. Das machte mich zufrieden, ich fühlte mich sicher trotz der Fülle, geborgen trotz der Macht-was-ihr-wollt-Freiheit, die Ei Ta uns jeden Tag aufbürdete. Tolstoi würde ich unter R T1 in der Buchkartei führen. Ordentlich nach System. Fast wie im Pflanzenreich. Da ging man ähnliche Wege, startete bei den Blütenpflanzen, kam zur Familie der Compositen, um *Bellis perennis*, das Gänseblümchen, zu finden.

Das war dann wieder direkt unser Alltag. Bellis, das Schöne. Doch musste man nicht auch die Luft, das Unbekannte und Unsinnige beim Namen nennen? Non quampare oli panter.

Panter nole. Manda. Manda.

Ei Ta konnte an jedem Ort wie aus dem Nichts erscheinen. Mit dem Fahrrad zwischen den langen Frühbeetkästen, wo wir *Tagetes signata* und *erecta* auspflanzten, wir brüllten von Kasten zu Kasten: Panter nole, singopurum. Aus voller Kehle: Arschfrescum. Rotzli bum.

Seid ihr jetzt total verrückt geworden. Der Abkanzler radelte kopfschüttelnd an uns vorbei.

Ein Buch pro Woche war inzwischen für jedermann Pflicht.

Ist das wahr? An so was, solche Pflichten, überhaupt an Bücher konnte sich Evi nicht erinnern. Sie hatte einen Ausschnitt aus der Sächsischen Zeitung ins »Carolaschlösschen« mitgebracht, die Vergangenheit in Folie und ordentlich abgeheftet das grauweiße Foto. Auf der Zeitungsseite stand nichts von Büchern. Da stand nur als Bildüberschrift: *Bei den jungen Agronomen im Großen Garten weht jetzt ein frischer Wind.*

Evi wusste noch, dass wir unter dem Mikroskop ziemlichen Quatsch geguckt haben. Jeder wollte sein baumdickes Haar ansehen und später die eingefärbten Blattschnitte, das

war richtige Kunst, die Fotos, die wir von den Präparaten gemacht haben. Selber entwickelt und abgezogen.

Hatten wir denn eine Dunkelkammer?

Weißt du das nicht mehr? Bei Klante Susi in der Küche.

Dort haben wir so viel Bilder gemacht. Wände voll Fotos. Schöne Sachen. Weißt du noch?

Flora, die Göttin der Harmonie. Sie ist groß und anbetungswürdig.

Sie erlaubt das Leben auf dem Planeten Erde allein durch Sauerstoff, den sie schafft im Bunde mit der Sonne.

Sonne gibt Licht an die grüne Struktur, aus der Flora besteht.

Flora ist Chlorophyll.

Flora wächst nicht nur zum Licht, sondern auch in die dunkle Erde. Flora ist die Wurzel der Erde und der Atem des Himmels, Licht und Grün. Grün ist Chlorophyll.

Assimilation ist Leben. Sobald es Leben gibt, ruht das Umfassende im Umfassten und umgekehrt. Diese gegenseitige Verschränkung haben die Griechen zu ihrer Zeit »pneuma«, das heißt Hauch oder Atem, genannt.

Wurzel ist Ewigkeit.

Das war eine Kapitelüberschrift in unserem Ausbildungsbuch. Das konnten wir beweisen. Unsere Blumen, die Bäume und die drei sauren Rhabarberbeete bestanden hauptsächlich aus Traubenzucker oder Stärke, außerdem spendierten sie der Erde das O, Oxygenium, Sauerstoff. Die Pflanzen teilten sich oder streuten Samen, wuchsen, teilten sich, streuten Samen, sie brauchten dafür Kohlendioxid und Wasser, dazu unbedingt Licht. Sonnige Tage.

Am Anfang unserer Lehrzeit hatten wir gedacht, die Pflanzen brauchten auch uns, denn deswegen gingen wir in die Berufsschule, deswegen kamen wir her – um zu lernen,

wie wir ihnen gefällig sein konnten. Wir wollten ihr Wachstum in die Wege leiten und fachkundig fördern. Wir wollten als Gärtner säen und pflanzen, vielleicht etwas Wasser verteilen, nicht zu viel und nicht zu wenig, beizeiten die Schattenbretter abnehmen. Das Schöne erkennen und noch schöner machen.

Bis wir im Botanikunterricht, als das Kapitel Photosynthese dran war, erfuhren, dass wir erst später, eine Weile nach Floras Schöpfung, mitmachen durften. Im Gefolge der Kultur, im Gefolge wundersamer Zufälle und erfolgreicher Experimente. Der erste Mensch sei zwar gleich ein Grüner gewesen, einer, der wusste, was gut schmeckt. Man hatte zerkaute Leguminosen im Gebiss dieses Ersten gefunden. Ein Sammler, der immer unterwegs war. Mal hier, mal dort.

Der Gärtner, so erkannten wir, brauchte unbedingt eine Bleibe, ein Gehege oder eine Heimat zwischen Palais, Hauptweg und Herkulesallee, und die Gewissheit des Himmels.

In diesen Stunden und schließlich auch durch Ei Tas Litaneien war uns ziemlich unverhüllt Flora erschienen. Grün, eine Harmonie zwischen Sonne und Erde.

Eine kluge, vernünftige Göttin.

Wir konnten staunen und locker sein. Eine Rosenblüte sei Erfindung, Experiment und Risiko. Ein wiegender Tanz. Vor, vor, Seitschluss, rück, rück, Seitschluss. Linksdreh, Rechtsdreh, Kreuzschritt. Schaufel. Schleif. Wir glaubten an Flora.

Sie schuf die Algensuppe, das heißt Stärke, Traubenzucker, darüber hinaus den von Ei Ta heiliggesprochenen Sauerstoff. Es geschah vor 2,5 Milliarden Jahren. Damals begann sich eine Hülle rings um die Erde zu bilden. Die Atmosphäre. Langsam wuchsen Moose und Farne, das Gras, die *Mono-*, die *Dicotyledoneae*.

Holunder und Löwenzahn für die Insekten.

Hülsenfrüchte im Gebiet von Nordrhein-Westfalen für die Neandertaler und für die heutigen Erdenbürger.

Sauerstoff für einen ersten und letzten Atemzug.

Flora wandelte, modelte ihre Frisur, Pflanzenzüchter und Maler steckten der Göttin neue Primelsorten ins Haar, Maisfelder, Ölfrüchte.

Dieser Tage kroch sie in Ruinen und Trümmerfeldern herum, überall Gemüsebeete, Kartoffeln. Kohlehydrate.

Duftschleier in den Linden.

Flora triumphierte im Quartier, wo wir am frühen Morgen Malmaison-Nelken fachgerecht an den unteren Nodi brachen. Nelkenrosa und hagelweiß mit Purpurmitte. Berauschend.

Schwer in den Armen die Bündel, *Dianthus caryophyllus,* langstielig, die Kelchblätter leicht geöffnet, kreuzweise auf dem Tafelwagen, schonend Schicht auf Schicht. Husch, husch, die Waldfee, bevor die schwarze Wolke über uns bricht. Es tröpfelte schon.

Voll. Erfüllend. Eine Verschränkung. Austausch zwischen Erde und Himmel. Atem schöpfen. In den Bauch, in die Lunge. Andächtig fromme Atemzüge. Sauerstoff, der von der grünen Flora aus Wasser und Kohlendioxyd unter Assistenz der Sonne gemacht worden war.

Ungelogen, der Nelkenduft!

Geht denn das, schuften und fromm sein?

Ei Ta verdonnerte uns zum Sammeln von Pflanzensamen, so viel Arten, wie wir nur finden konnten, zu Hause, unterwegs, überall. Wir durften uns helfen und beschenken lassen. Im Samenkorn herrsche Vernunft, Irrtum sei ausgeschlossen.

Zwei Kisten mit dreißiger Bördelrandgläsern, korkver-
schließbar, lagerten in der Abkanzlei unter dem Schreibtisch, wozu sollten die Behältnisse, die von der großen Bescherung übrig geblieben waren, sonst gut sein. Wir würden
eine Sammlung anlegen.

Ei Ta hielt uns zwei Proben unter die Nase. Kresse und
Calendula, die waren leicht zu erkennen. Mohnsamen erkannten wir auch. Wir bestimmten. Das klang für Laien
vielleicht so, als wollten wir irgendetwas behaupten, gar be-
fehlen. Ein Gärtner bestimmte, wenn er nach und nach etwas erkennen, einordnen und beim Namen nennen konnte.
Gräser, winterliche Gehölze, Moose, Steine, Insekten, die
vielgestaltigen Spinnen, Schmetterlinge, Vogelstimmen,
Vogelfedern. Tierspuren im Schnee.

Wir wurden Dendrologen, Ornithologen, Feldherpeto-
logen. Das waren die Froschspezialisten, die ihre Frösche
nicht belauschten, sondern verhörten, also Moorfrosch
oder Laubfrosch beim Verhör nach dem Gequake bestimmten. Oder mit der klassischen Fersenhöckerprobe. Sie verglichen im Bestimmungsbuch die lang gezogenen Hinter-
beine.

Nun bestimmten wir die Samen der heimischen Flora,
auch Kulturpflanzensamen bestimmten wir.

Sammelfieber brach unter uns aus. Sammellust, -wut,
-leidenschaft. Ein Wettbewerb. Wieder schrieben wir Listen.

Die Bördelrandgläser wurden mit Nummern versehen.
Kletten und Körner steckten drin, bohnenartige Samen,
Flugsamen, Schwimmsamen. Staub. Ein Grenzfall die Wa-
cholderbeere, die eigentlich ein Zapfen war. Kümmel, Hirse,
Nüsse. Verschiedene Eicheln.

Ei Ta musste Gläser nachbestellen. Das waren wir uns
schuldig.

Herr Weise zimmerte Regale aus Latten und Kaninchendraht, in denen wir die Gläser aufstellen konnten. Die Regale fanden Platz über Eck neben den Büchern. Die Samen-Lehr-Ecke.

Herr Weise, unser Helfer, war wirklich ein Herr. Er war sehr klein, vielleicht sogar ein echter Liliputaner, vielleicht vom Zirkus Sarrasani übriggeblieben. Wenn er am Vormittag durch das hintere Gatter zum Dienst kam, eilte auf dem Hauptweg ein Hut. Der Hut verschwand im Verbinder.

Im Kesselraum legte Herr Weise den Hut ab, rumorte eine Weile, karrte dann klein, aufrecht Asche den Hauptweg entlang. Man sah sein graues Stoppelhaar, ein hochgemut barhäuptiger Gartenzwerg tippelte zwischen den Karrenholmen. Wir grüßten, wenn wir ihm begegneten. Er blieb nur eine Stunde. Manchmal musste er nachts noch einmal zum Nachheizen kommen. Das entschied er ganz allein, denn er kannte sich aus, nicht zu warm, nicht zu kalt, das Spiel mit Koks und Väterchen Frost.

In der Küche waltete Klante Susi. Obwohl sie ziemlich groß war, sahen wir sie meist krumm mit dem Handfeger oder über dem Abwasch.

Viertel vor zwölf musste sie da sein, denn um zwölf setzte ein Framofahrer den Kübel mit dem kommunalen Lehrlingsessen vor den Eingang an der Herkulesallee. Klante Susi karrte den Kübel mit der Sackkarre in die Küche, dann schwang sie die Pausenglocke, dann stellte sie einen Eimer warmes Wasser vor die Tür, damit wir den Arbeitsdreck abschrubben konnten. Einer von uns verteilte das Essen in die Steingutschüsseln, Klante Susi nahm die Schüsseln leergegessen zurück. Sie wischte mit dem Finger, leckte die Schüsselränder. Wir ließen manchmal für sie einen Rest. Nach dem Aufwasch kehrte sie die Abkanzlei, den Aufenthaltsraum.

Klante Susi war vielleicht 30. Wir sagten ihr seltsame Gerüche nach, lose Knöpfe. Wir behaupteten, Mot habe die Klante in der Küche geküsst. Wenn Mot aus der Küchenrichtung kam, starrten wir ihm entgegen. Labrador lubimaja.

Ich wusste, dass Klante Susi aus Schlesien geflüchtet war, aus Niederschlesien, wie ich. Sie war ane Liegnitzer Lerge. Klante Susi hatte einen fuchsroten Krauskopf, sie trug Klapperlatschen, also Holzklötzchen mit Lederbändern, dazu ein wadenlanges Stück Sofadecke als Rock. Oben eine lockere Jacke aus Fallschirmseide.

Weil ich nicht wusste, was ich mit ihr reden sollte, ging ich erst in die Küche, a Tippla Wasser trinken, wenn sie nicht mehr da war.

Eine Ewigkeit hatte die Kuppel des Kronentors am Zwinger in einer Bretterhülle gesteckt. Eines Tages war die Hülle weg, die Königsadler, die Palmblätter glänzten. Die Postplatzumsteiger konnten sich nicht sattsehen. Das Gold am Morgen, noch schöner der Glanz in der Feierabendsonne.

Zu eben der Zeit gab es im Schnapskiosk auf dem Postplatz die allerersten Bonbons unseres Lebens. In runden Schachteln. Sahneecken, Maiblätter, Himbeeren, mit Honig gefüllte silberne Seidenkissen. Die Bonbons waren köstlich, dabei nicht einmal das Wichtigste. Für Bonbons hätten wir niemals so viel Geld rausgehauen. Wir brauchten unbedingt die runden Schachteln.

Schöne Inge hatte am Palais hinter der Absperrung Samen vom Reiherschnabel gefunden. Ei Ta war selbst noch einmal hingeradelt, er brachte im Taschentuch für jeden einen Schnabel und ein paar Ersatzschnäbel, seltsame Gebilde, da hatte sich unsere Göttin Flora was ausgedacht.

Der Samen bestand aus einer kräftigen Mittelsäule, dem Quellgewebe, das auf der einen Seite in einer Spitze und auf der anderen in einer stabilen Sichel endete. Reiherschnabel, Storchschnabel, Kranichschnabel. Warum nicht gleich eindeutig für die ganze Welt: *Erodium cicutarium*. Eine weitere Nummer auf der Liste, ein weiteres Glas in der Sammlung. *Erodium*-Samen war puppenleicht zu bestimmen.

Aus Samenschnäbeln und aus den Bonbonschachteln bauten wir Hygrometer. Genau in die Mitte des Deckels stachen wir ein Loch, dahinein gehörte die Spitze des Samens, ringsherum markierten wir eine Skala: *Regen* oder *Starke Niederschläge*, gegenüber *Sonnenschein* oder *Sehr schön* oder *Trocken*, dazwischen den stets passenden Hinweis *Veränderlich*.

Die Schnäbel reagierten. Man musste sie nur richtig einstellen.

Der *Erodium*-Samen war zwar kein Prophet, aber immerhin, er wusste so viel wie wir Menschen. Wenn es regnete, zeigte die Schnabelspitze auf Regen. Manchmal zeigte der Schnabel bei Regenwetter auf Trocken. Also zeigte er wahrscheinlich auf übermorgen oder auf nächste Woche, zeigte voraus, oder er ging wie manch eine Uhr etwas nach, zeigte auf einen Sonnenschein, der einmal gewesen war.

Die Hygrometer aus Bonbonschachteln wurden in der Berufsschule aufgehängt. Wir schrieben in unseren Ausbildungsbüchern Sonderberichte über *Erodium cicutarium*, eine Pflanze, die auf allen Kontinenten dieser Erde heimisch sei, weil ihr Samen sich so wundersam, so eigensinnig und frei durch die Welt bewege, unabhängig von Wind, Wasser, von Ameisen und Vögeln. Auf sich selbst gestellt, treibe der Samen voran. Die Mittelsäule drehe sich, bis sie eine geschützte Stelle finde, zum Beispiel zwischen den Trümmer-

brocken am Palais. Hier dringe die Spitze in den Boden, darauf funktioniere die Sichel wie der Griff an einem Zimmermannsbohrer oder wie an einer Kaffeemühle, die Sichel suche Halt und treibe den Samen mit Schwung, im jahreszeitlichen Wechsel von Trockenheit und Nässe immer tiefer in den Boden hinein.

Je nach Temperament verfertigten wir Heldengeschichten, Tatsachenberichte oder mit Latein gespickte Traktate. Evi musste ihre Geschichte in der Berufsschule zweimal vorlesen, einmal im Deutschunterricht und einmal in Meteorologie.

Die Geschichte über eine Oma, die aus Siebenbeuthen von jenseits der Oder nach Dresden gekommen war. Evis Oma hatte unsere Pflanze immer noch wie in Siebenbeuthen »Heinrich, Heinrich, dreh dich um« genannt, das kniehohe, wetterwendische und dazu stolze Kraut, unsere Hygrometerseele. »Heinrich, Heinrich, dreh dich um«.

Das Ausbildungsbuch, das Evi zur Facharbeiterprüfung in Leder hatte einbinden lassen, war schon lange in die blaue Tonne gewandert. Alle hatten das alte Papierzeug inzwischen entsorgt. Den alten Kram aus dem Ei-Ta-Jahrhundert.

An einem Wintertag war er am Ende der Pause im Essensraum erschienen. Wir hatten Fußlappen, Stiefel bereits wieder angezogen, die Jacken zugeknöpft. Da hieß es, zurück auf die Plätze. Ei Ta war aus seiner warmen Abkanzlei durch windige Kälte in den warmen Sauerkrautgeruch unserer Bude gekommen. Das hatte er schon einmal bei schlechtem Wetter gemacht.

Er trug ein Buch unter dem Arm. Grüner Leinenrücken mit Golddruck. Seine Heilige Schrift. Kliment Arkadjewitsch Timirjasew, ein russischer oder sowjetischer Biologe.

»Ausgewählte Werke«, Band 1. »Das Leben der Pflanze«.
Verlag Kultur und Fortschritt Berlin. 1951 erschienen.

Thema heute: Das Erwachsenwerden.

Wir hockten auf Stühlen und auf wackeligen Bänken.

Klante Susi schleuderte einen Scheuerlappen über die Tische. Setz dich zu uns! Nein, das sagte ich nicht. Niemand sagte: Setz dich zu uns. Wir schwiegen. Ei Ta wartete.

Klante Susi trug den Wischeimer, den Essensgeruch, leere Schüsseln, der Wind trieb Schneeregen durch die Tür. Sie trat die Tür mit dem Holzlatsch hinter sich zu.

Lehr-Ecken, das Bücherregal, die Laborschränke bestimmten den Raum, windstill, schulstubenhimmlisch. Heizungsrohre zirpten wie Heimchen hinterm Herd. Wir konnten froh sein.

Erwachen. Wer weckt? Wann beginnt das Leben der Pflanze?

Die Selbständigkeit startet im Licht. Die Kindheit verläuft im Dunklen, meist in der Erde. Mit dem ersten Lichtstrahl, der auf ein blassgrünes Blatt fällt, fängt das Wachstum an. Die Pflanze bildet die neuen Zellen, ihre Triebe nicht mehr durch alt angelegte Reserven, sondern durch fremde anorganische Verbindungen aus der Umgebung. Eine autonome Existenz wächst und macht sich ihren Raum, den blauen Himmel, Sauerstoff.

Flora wandelt.

Unser Prediger, Abkanzler, Ei Ta, warf die Joppe auf den Tisch, er stand nun hemdsärmlig, in bester Laune und höchstüberzeugt. Wasser, Wärme und Licht, das sind die Grundbedingungen, ohne Wasser und Wärme ruht der Samen – in Winterkälte, wenn es sein muss, hundert Jahre und länger. Aber wenn es losgeht, das Erwachsenwerden, dann kann ein Samenkorn Felsen sprengen.

Ei Ta predigte. Alles Sachen aus dem Buch mit dem grünen Leinenrücken. Vollkommenheit in der organischen Welt. Zeit und Tod als Balancierstange der Harmonie.

Es war gut, zu wissen, wo man etwas gedruckt finden konnte. Ich sah die goldenen Buchstaben, ich wusste, das Buch stand noch einmal in unserem Regal, NT 7, Timirjasew, und dann sah ich draußen das scheußliche Wetter, dazu Klante Susi an der Küchentür mit Schwung einen Scheuereimer ausgießen. Ich peilte schnell wieder das Buch an, aber Susi hatte meinen Blick gesehen und erkannt, was ich dachte. Ich dachte, warum sitze ich hier, warum ist mir warm, warum bin ich in der Welt ich, warum bin ich nicht du. Du draußen, ich drin.

Klante Susi hatte mich erwischt, wie ich auswich, wie ich nicht gestört werden wollte.

Das Samenkorn ist ein Kind.

Wir dösten mit schweren Augenlidern, gaben uns hin und wieder einen Ruck, um nicht runterzufallen, tief in die dunkle Höhle, wo *Silene* ruht. Schlafen. Ei Tas Stimme.

31 800 Jahre, so lange habe *Silene stenophylla* im sibirischen Permafrost gelegen. Ein Futtervorrat, den sich Erdhörnchen zu Zeiten zusammengetragen und gewiss vergessen hatten, jetzt versuchten sowjetische Biologen, die Samen aufzuwecken. Es sei nicht unmöglich, in Zukunft könnte es gelingen. *Silene*, die Totgeglaubte, könnte wieder blühen.

Ei Ta blätterte im Buch, die Seiten raschelten.

Die Heizungsrohre tickten, klickten. Ei Ta blätterte, suchte wahrscheinlich nach Möglichkeiten, wie es gelingen könnte, die Pflanze zu wecken. Er drehte seine Armbanduhr.

Draußen patschte Schneeregen auf das Pflaster. Unsere Kultivatoren, Schaufeln, Sauzähne standen artig neben dem Kabuff unter der Traufe.

Hose meldete sich aus der Mitte, seine Stimme klang hell und überzeugend wissbegierig. Ich hätte bitte trotzdem noch eine Frage. Woher weiß denn eine Haselnuss, dass sie eine Haselnuss ist? Und überhaupt nie eine Birke werden kann?

Wir spitzten dankbar die Ohren, eine prima Hose-Frage, es folgte eine typische Ei-Ta-Erklärung. Er klappte das Buch zu. Es sei, wie es sei, sagte er. Im Samen sei die angelegte Form, also das kommende Ereignis, unbedingt das Zeugnis einer unterirdischen Psyche, man könne auch sagen, einer unbewussten Psychologie. Wo es eine Form gebe, wirke auch ein tüchtiger Geist, der die Materie modelliere. Die Materie zeige immer recht eindrücklich des Geistes Kunst.

Hinten in der Samen-Lehr-Ecke unsere Geister im Glas. Geister, die sich niemals irrten.

Im Samenkorn wohne die Wahrheit. Ei Ta schnappte seine Joppe. Er kannte unsere Neugier und ziemlich genau unsere Tricks.

Morgen möchte ich gerne von euch wissen, wie das Gießwasser von den Wurzeln nach oben in die Blätter kommt. Damit drehte er uns den Rücken zu.

Denkt euch was aus.

Meist musste sich Abbi um solche Sachen kümmern. Osmose. Diffusion. Wasser. Zelle. Nährstoffausgleich.

Wir irrten uns oft und hatten so viel vergessen.

Wir hatten uns draußen am See noch einen Augenblick an einem freien Tisch in die Sonne gesetzt. Was aus Hose, was aus Herrn Weise und was aus Klante Susi geworden war – aus Klante eine Kundschafterin hieß es, warum nicht, wenn Gott will, schießen sogar die Besen. Vielleicht hatte sie Wut auf die Scheuereimer, vielleicht war sie zornig genug. Es gab ja einen Eisernen Vorhang und den Kalten Krieg

zwischen den beiden Lagern, es gab ja abseits in Afrika die Dritte Welt. Undercover in Algerien. Susanne Magdalene Klanté. Hinten mit Accent aigu. Ganz genau wusste Evi, dass Herr Weise schon gegen Ende der fünfziger Jahre dem Augustinerorden beigetreten war.

Herr Weise sei in Dresden der einzige Bruder August gewesen, und so habe die katholische Kirche in Trachenberge für ihn in einem großen Eckhaus ein Zimmer gemietet, eine Zelle, die den Status eines Klosters behaupten durfte. Auf der Etage habe auch gleich noch eine andere Herberge existiert. Wie im Kino. Dazu das Geständnis, dass keiner mehr im Kino Filme gucke, alles im Fernseher, das reiche. Kloster und Bordell auf einer Etage.

Und Hose?

Hose war schräg. Er war groß, dürre, er besaß, wie unser Herr Weise, einen Hut, das wussten wir, weil er uns zum Frühstück ein Mit-Hut-Foto gezeigt hatte, auf dem er aussehen wollte wie ein Schauspieler. Finster, fast drohend, aber mit weichem Kinn. Marlon Brando. Den kannten wir nicht, aber wir merkten uns den Namen. Ein Hose-Typ.

Hose hatte bereits in der Schule mal vor einer Kamera gestanden beziehungsweise gesessen, im »Kahn der fröhlichen Leute« als jugendlicher Zuschauer bei einem Dorffest. Wir waren, als der Film noch einmal im »Goldenen Lamm« gezeigt wurde, alle zusammen hingegangen, wir hatten ihn erkannt. Jan Schrader, ein prima Leinwand-Heldenname, Jan, schön kurz und eigentlich gut für unser gebräuchliches Namensregister, doch wir nannten ihn immer nur Hose. Wegen seiner Hose.

Man muss wissen, Hose war ein armer Kerl, wir erinnerten uns, er war bestimmt der ärmste Hund von uns allen. Keine Eltern mehr, war aus dem Saarland nach Sachsen umquartiert worden, weil in Dresden-Leuben ein nicht

ausgebombtes Großtantchen lebte, bei ihr gab es ein Küchensofa, wo er nachts schlafen durfte, und ein paar andere nützliche Sachen. Mein Tantchen is in Ordnung, das hatte er oft gesagt. Das hatten wir alle noch im Ohr. Sie schmierte ihm jeden Tag zwei Doppelbemmen, das haben wir zum Frühstück mit etwas Neid registriert, und er war im schlimmsten Wetter immer warm angezogen, Schal, Socken, Anzugjacken, die er wahrscheinlich von einem gefallenen Angehörigen hatte übernehmen können. Wie auch den Hut auf dem Foto und den Mantel mit den breiten Schulterpolstern. Er war in vorhandene Mäntel und Anzüge reingewachsen und so gesehen eigentlich ganz gut versorgt.

Trotzdem, es bleibt dabei. Er war ein armer Hund, denn da gab es diese grauenhafte Hose. Ein Witz, sie machte den armen elternlosen Hund zusätzlich zum Kasper. Blau wie Tinte, statt mit Zwirn an vielen wichtigen Stellen mit Kupferplättchen zusammenmontiert, genietet. Eine Nietenhose. Der arme Hund hatte das Ding schließlich als Arbeitshose anziehen müssen. Tantchen is in Ordnung. Er spielte Gelassenheit. Die tägliche Bemmenbüchse, im Spind das Hut-Foto, die Filmerfahrung. Er, das war unser mitfühlendes Urteil, sah aus wie ein Landsknecht in Unterhosen. Entstellt, in zwei enge, zusammengeschusterte Röhren gepresst.

Der arme Hund musste die steife tintenfarbene Montur drei Jahre tragen, ertragen und abtragen. Tantchen is in Ordnung, ein tapferer Hund. Hose, zeig uns noch einmal das Foto, du mit Hut, wo du aussiehst wie Marlon Brando. Er tat uns sehr leid.

Wisst ihr noch?

Possum, sed nolo, Hose in seiner Hose im Verbinder auf der Bastkiste, sein Lieblingsbeitrag zur Blödelei, er wie auf

der Bühne im Großen Haus. Possum, sed nolo. Er hat uns lange nicht gesagt, dass sein Leitspruch echtes Latein war. Und wir haben seinen Protestschrei in der Öffentlichkeit losgelassen. Possum, sed nolo. Als wäre es Quatsch. Ich könnte, aber ich will nicht.

Einmal hat er von der Bastkiste herunter in Nietenhosen den »Osterspaziergang« aufgesagt. Hochdeutsch und zum Heulen inniglich. Der arme Hund hatte in seiner saukomischen Aufmachung einen Riesenmut und Talent.

Die Weltjugend wandelte sich hinter unseren Rücken. Sie hatte sich wahrscheinlich längst gewandelt – in Berlin, überall auf dieser Erde. Wir in unserem Gehege tanzten Foxtrott. Die anderen spielten Jazz und Rock'n'Roll. »Tutti Frutti«. Elvis.

Eine Bluejeans, blau wie VEB Barock-Tinte, war wahrscheinlich überall inzwischen Sonntagsstaat. Kult.

Als die Kunde von der Supermode zu uns kam, war gerade Stalin gestorben. Wir machten mittags Feierabend, nahmen die rote Fahne aus der Ecke und zogen mit Ei Ta am Denkmal auf dem Platz der Einheit vorbei. Herr Weise war in Hut und Staubmantel als Haushüter und, wenn es sein musste, zum Koksnachlegen in der Abkanzlei geblieben. Es war Anfang März, noch kalt, noch zu früh, um »Nie wieder Krieg« zu pflanzen. Klante Susi hatte sich unterwegs ausgeklinkt. Sie hatte einen Grund genannt, aber wir wussten, es war wegen der verlorenen Ostgebiete.

Wir schlichen, richteten die Augen auf das Straßenpflaster. Eine Riesenlast lag auf unseren Schultern. Schuld. Kriegsverbrechen.

Damit seid ihr geboren.

Trümmer wegräumen, Grünflächen gestalten. Wegebau. Traversen aufschütten. Das ist das Mindeste.

Ihr lernt wenigstens was.

Hose auf dem Podest, in Bluejeans und kein bisschen
sächsisch:

Flora, Göttin, kehre wieder!
Blüthenfelder weckt Dein Schritt.
Bringe mir des Lenzes Lieder!
Tausend Blumen bringe mit.

Wisst ihr noch? Die Spaziergänger am Zaun, Gärtner, so
ein schöner Beruf. Wisst ihr noch? Für die Plumpsklogrube
hatten wir an einer handlichen Eschenholzstange einen be-
triebseigenen fünf Liter fassenden Jaucheschöpfer, den Jau-
chewagen haben wir aus dem Depot des Botanischen Gartens geliehen. Freiwillige vortreten.

Sed nolo.

Wir saßen immer noch in der Sonne, konnten uns nicht
entscheiden, was wir jetzt machen wollten. Im Palais flo-
rierte in diesem Jahr zum dritten Mal eine Frühlingsblu-
menschau. Neue Azaleen-Sorten. Moderne Blumenbinde-
kunst, neuerdings wieder mehr in Richtung Materialmix
und französische Renaissance. Habt ihr die Schlange vor
dem Palais gesehen, zwei Stunden Warten, mindestens.

Ich hörte zu, die Augen halb geschlossen. Ewig wollte ich
die alten Gesichter nicht sehen. Stimmen, das war genug.

Possum, sed nolo.

Dass Hose, der arme Hund, in seine alte Heimat nach
Saarbrücken getürmt, dort doch noch am Theater gelandet war. Jawohl, richtig auf der Bühne. Man habe später in
der neuen Zeit Briefkontakt zu ihm aufgenommen. Da war
Hose schon Rentner. Zum Treffen kommen? So eine Welt-
reise wollte er nicht unternehmen. Saarbrücken – Dresden,
zu weit. Schla hatte mal aus einem Brief von ihm vorgelesen. Zuckerlecken sei es für ihn als Künstler nie gewesen,
aber er habe es von seiner Wohnung aus mit dem Auto nicht

weit nach Frankreich. Gleich hinter der Grenze ein französischer Lidl. Somit Weihnachten immer Austern. Austern satt!

Wem so was schmeckt! Ich hörte den vertrauten Sachsensound.

Die Sonne wärmte.

Hose, der arme Hund, hatte mich einmal zu sich nach Leuben eingeladen. Mein Tantchen macht Tee. Wenn du Zeit hast, zum Tee. Kommst du? So hatte er mich nach der Arbeit auf dem Weg zur Straßenbahnhaltestelle gefragt. Ich konnte mir keine Vorstellung machen. Zum Tee. Zu Besuch. Zum Tantchen. Hose erklärte genau die Adresse in Leuben. Ich wunderte mich. Warum Teetrinken, warum ich?

Ich hatte zweimal genickt.

Ich hielt mein stummes Versprechen, das Nicken, ich fuhr am Sonnabendnachmittag mit der Straßenbahn, fand die Straße, das Mietshaus, den verschnörkelten Namen über einem Klingelknopf. Ich stand artig vor der Tür, grüßte die alte Frau, die mir öffnete, mit einem kleinen Zucken in den Knien, fast einem Knicks. Sie sah aus wie die Tante in einer Geschichte von Tschechow. Seidig, samtig, tüchtig und heiter. Ich saß schon an einem runden Tisch, als Hose reinkam, in Hemd und Schlips, Hose mit Bügelfalten.

Guten Tag, Jan.

Guten Tag. Es dauerte eine Weile, ehe ich atmen konnte. Wir tranken den Tee aus blau gemusterten Tassen, die sehr glänzten und einen eng geschwungenen Henkel hatten. Ich versuchte, nicht zu klappern, nicht zu schwappern, ich versuchte hochdeutsche Gesprächigkeit. Meine Frau Mutter lässt mich Ihnen ihre besten Grüße mitteilen. Nach dem Tee setzte sich Tantchen an einen Kasten, sie öffnete eine Klappe, es war ein Harmonium. Hose war rausgegangen.

Sonnyboy, kommst du?, rief sie ihm hinterher.

Hose hatte den Schlips abgenommen, er hatte sich stattdessen ein silbernes Instrument umgehängt. Ein Saxo-
phon. Die beiden spielten, manchmal allein, oft zusammen, ich hörte, am runden Tisch sitzend, zu. Sie spielten so
ernst und ergeben, dass ich plötzlich innerlich sehr lachen
musste. Sie spielten Katzenmusik. Hose krumm, mit großen Kulleraugen. Tantchen mit breitem Gesäß. Es war eine
Tortur, weil ich viel zu dumm war. Sie spielten wahrscheinlich Gershwin oder Schostakowitsch.

So gut wie die Teetrinkerin wollte ich auch die Zuhöre-
rin über die Bühne bringen. Den ganzen Besuch, in den ich
untrainiert hineingeraten war. Ich sagte nichts, ich applau-
dierte nicht, ich guckte nur. Anerkennend und deutlich er-
griffen.

Nach einer Stunde ließen sie mich gehen. Sonnyboy und
die alte Frau in Samt und Seide machten die Tür freundlich
hinter mir zu.

Ich spürte absolutes Versagen, bei späteren Gelegenhei-
ten lernte ich im Einzelnen, was ich falsch gemacht hatte.
Keine Blumen, keine Bitte um Zugabe, den Keksteller fast
leer geräubert.

Ich war ein Trampel. Der Besuch hatte keine Folgen. Es
blieb die Erfahrung, dass der Mensch viele Namen verträgt.
Hose, armer Hund, Sonnyboy, Marlon Brando, Gärtner
für Zierpflanzenbau und Landschaftsgestaltung. Nun kam
noch Austernfresser und Schauspieler dazu. Jan Schrader
als Mephisto und Romeo.

Mit Schöne Inge hatte ich am Mittagstisch nur wenige
Worte gewechselt, sie hatte zu weit von mir entfernt gesessen. Vielleicht hatten wir unsere alte Strategie praktiziert,
nur nicht nahe beieinanderhocken, denn wir waren mal
Freundinnen gewesen. Muselinen. Seraphinen. Wir zwin-

kerten uns zu, machten alte verständnisinnige Miene. Abstand.

Wir hatten unser Beisammensein immer ziemlich geizig dosiert, weil wir sonst verkommen wären, denn wir kannten die Welt, wir hatten deckungsgleiche Vorstellungen vom Leben. Wir hätten nebeneinander wüste Sachen erfunden, endlose Reden geführt über Ei Ta und Schla und Hose und die Berufsschulheinis, über diesen verkappten Göttersohn hinten in der letzten Bank neben Abbi. Es schien uns besser, alles in Kürze auf ein Wort, höchstens einen Satz zu konzentrieren. Dafür taugte unsere Sprache, dafür war sie da. Donnervita.

Oder richtig Latein. *Impatiens noli-tangere*, das war dann auch gleich der Name des Echten Springkrauts. Eines Balsaminengewächses. Pflanze mit glasigen Stängeln, Blätter wechselständig, mattgrün. Blüten gelb, hängend, mit gekrümmtem Sporn. Samen in länglicher Hülle, bei Reife und Berührung aufspringend, dabei werden die Körner weit in die Gegend geschleudert. Wächst im Gebüsch, an feuchten Stellen. Im Sommer unter der Brücke am Carolasee.

Die Welt war voll Teufel, ein Tollhaus. Wir hoben den Blick, machten die Andeutung von Flügeln und lachten uns kurz kaputt. Seraphinen. Muselinen. Schöne Inge wurde Schöne Inge genannt, weil sie tatsächlich schön war. Der Mund kirschrot, die Augen himmelblau, die Wimpern lang, geschwungen wie diese wimpernartigen Flugfruchtsamen, sie war Karl-May-Leserin. Im Bestand unserer Club-Bibliothek hatten wir selbstverständlich keine Bücher von Karl May, wir hatten nur richtige Literatur, die wertvollen von mir verwalteten Bände aus der großen Kiste.

Karl May galt als Spinner, es gab trotzdem eine Gemeinde, die seine Romane von früher hütete oder aus dem

Westen über die Grenze geschmuggelt hatte. Schöne Inge sprach in Andeutungen von einem Geheimbund.

Ich hatte noch keine Zeile von Karl May gelesen, Schöne Inge schleppte mich trotzdem mit zu einem Freundeskreis-Treffen nach Radebeul in die Villa Shatterhand, hier hatte der weltbekannte Legendenmacher gelebt. Als wir kamen, standen schon überall Leute. Sie tauschten Bücher, wussten Bescheid.

Ich fühlte mich fremd, eingeschleust wie ein Spion. Im Garten vor einem Blockhaus, der Villa Bärenfett, hatte man zwischen Holzfiguren, Schrumpfköpfen und Indianerfedern nach Waldindianerart aus Fell und Stangen ein kuppelförmiges Gehäuse aufgebaut, einen Wigwam. Darin saß auf einem Thron, bekrönt von einem hohen Filzhut, ein schnurrbärtiger Mann, er rauchte eine sogenannte Friedenspfeife und erzählte neue und alte Indianergeschichten. Wie die Eingeweihten hockte auch ich im Schneidersitz. Huck und hau, ich habe gesprochen. Patty Frank, den musste man kennen. Früher die rechte Hand von Karl May. Heute immer noch Isto Maza, also Eisenarm, das flüsterte mir Schöne Inge zu. Ein Geheimname. Sie gab mir Zeichen. Schweigen. Augen zu. Hand aufs Herz.

Auf dem Heimweg wollte ich endlich ehrlich lachen, ich guckte, aber Schöne Inge ging in einem Zauberbann neben mir her. Sie machte den Deckel ihrer Geheimtruhe nicht mehr auf. Sie sprach an mir vorbei.

Ich merke, du verstehst so was nicht.

Schöne Inge war immer noch schön. Dazu ging sie an einer eleganten Krücke. Sie trug feste Schuhe und zog das linke Bein heimlich nach, während wir ein paar Schritte fast bis zum feuchten Seeufer zu den bunten Mandarinerpeln staksten.

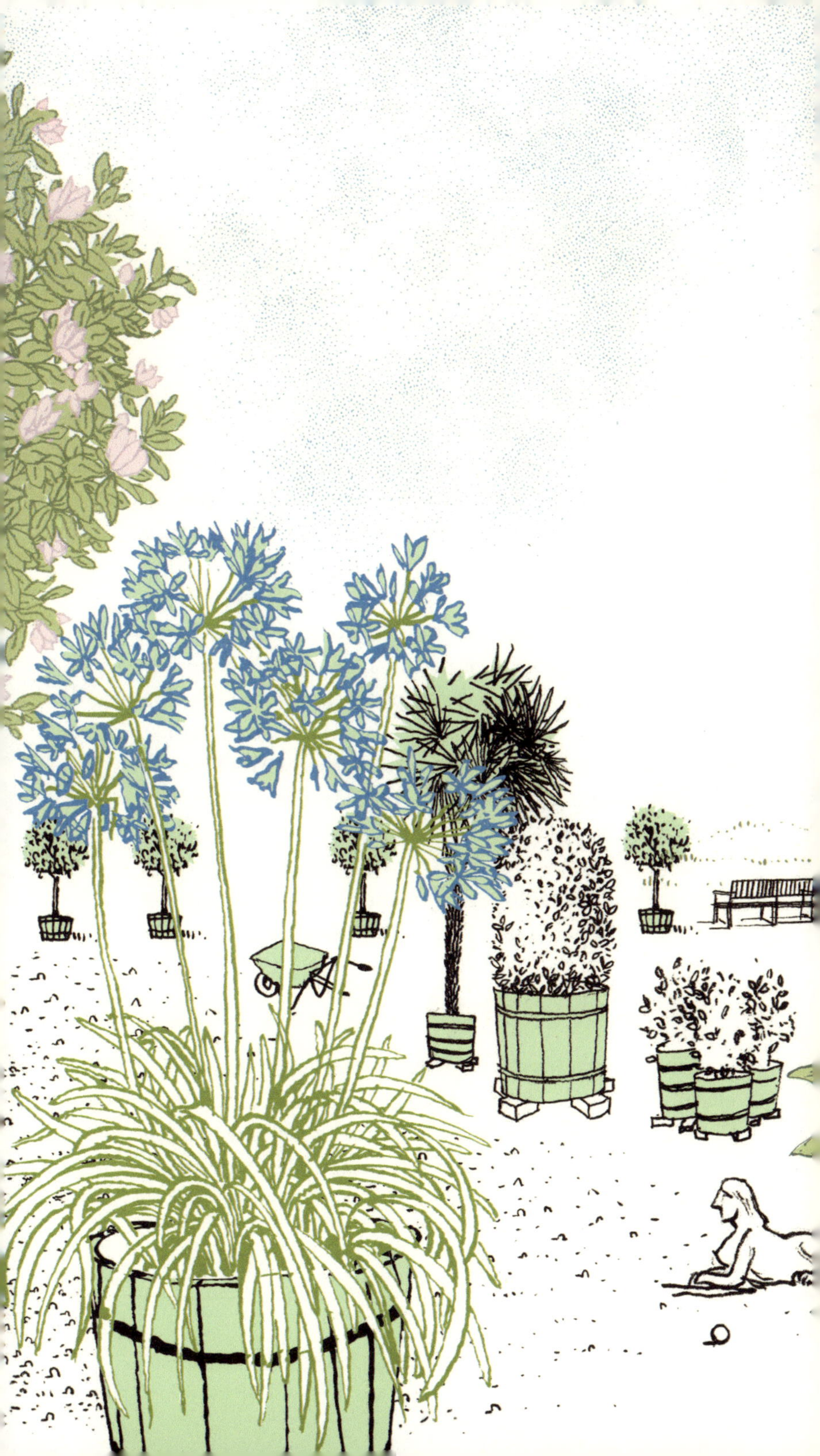

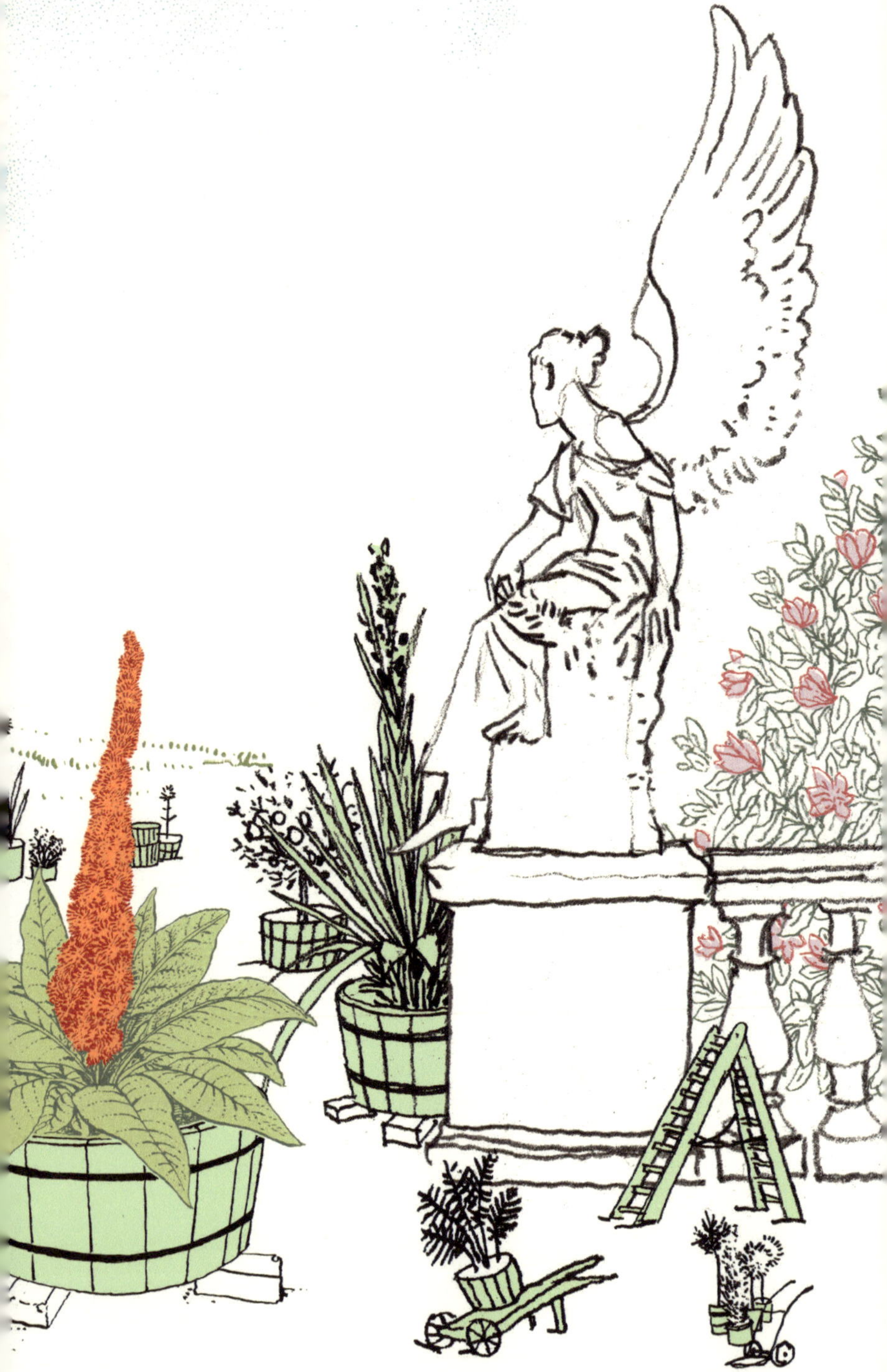

Onus est honos, überhaupt alles ist Bürde, das ganze Altsein. Sie lachte, und ich erzählte ihr, dass ich später ein paarmal versucht hätte, Karl-May-Romane zu lesen. Du hast damals gesagt, ich soll mit »Schatz im Silbersee« anfangen. Ich habe angefangen, zehn Seiten, dann war wieder Schluss.

Ach, lass es. Sed nolo. Die Truhe blieb zu.

Hast du deine Kakteensammlung noch? Ich erinnerte sie an die Lehrlingsecke im Warmhaus mit unseren zusammengehamsterten Raritäten. Schöne Inge lachte.

Die Sammlung ist bei meiner Mutter gelandet und mit ihr längst im Orkus. Ich habe einen kleinen *Selenicereus grandiflorus*, neu aus der Züricher Sukkulentenschau. Nun warte ich ab, ob was draus wird. Ich wollte eigentlich nie wieder Kakteen.

Nie wieder sämtliche Fensterbretter voll Orchideen, die empfindlichen Epiphyten und die winzigen Arten unter Glas. Nie wieder, das war Hains brieflich geäußerter fester Vorsatz. Evi hatte seinen Gruß an der Tafel vorgelesen. Über zehn Jahre Abstinenz in Sachen Orchideen. Aber Achtung, der Orchidee sei heute nicht leicht zu entkommen. Allein die Geburtstagsexemplare, wohin damit?

Evi selber war früher mal, als sie in Moritzburg ein großes Grundstück hatte, *Clematis*-Sammlerin gewesen, seltene Wildarten bis zu hochgezüchteten *grandifloren* habe sie besessen. Nach dem Umzug sei Schluss gewesen. Und heute? Naja, da hole ich mir schon mal über Sommer einen Topf aus dem Center. Egal, ob er den Winter mit mir übersteht.

Das hatten wir inzwischen herausgefunden. Auf uns lauerten Gefahren. Krankheiten, die vor Jahren abgeklungen, so gut wie verheilt waren, Jugendleiden fingen plötzlich

wieder an zu jucken. Man wurde rückfällig, gerade jetzt im Alter. Zahn war schon als Lehrling und dann sein langes Leben lang kamelienkrank gewesen. Er war süchtig. Er hatte zu unserer Zeit von der alten Sorte ›Frau Minna Seidel‹ in Pillnitz Stecklinge geklaut, weil er versessen war auf seltene ›Seidel‹-Sorten. Zahns Schicksal. Eine alte neu erwachte Leidenschaft, letztes Kapitel.

Er hatte sich aus Zuschendorf noch mal eine *Camellia japonica* mitgenommen, wo er doch eigentlich in diesem Leben keine Kamelie mehr haben wollte, bestimmt keine mehr, ganz entschieden nach dem Winter vor sieben Jahren, da waren seine letzten ›Seidel‹-Raritäten eingegangen. Erst hatten sie im März über hundert Knospen abgeworfen, dann keine einzige Terminalspitze getrieben. Um Ostern herum habe er eingesehen, da ist nichts mehr los, da wird nichts mehr, das Laub nicht dunkelgrün und glatt, im Gegenteil, die meisten Blätter sahen aus wie Ohren, verschrumpelt, und schnell waren Milben und Schildläuse da. Aus Schluss Ende. So, und nun habe er aus Zuschendorf eine rote gefüllte ›Waltraud‹. Die müsse im Winter nicht hin und her geräumt werden, die bleibe draußen unterm Fenster in der Erde. ›Waltraud‹ vertrage 20 Grad minus.

Das sollte vielleicht eine Entschuldigung sein, eine Erklärung für die peinliche Altersmarotte. 20 Grad minus. Kältebeständigkeit.

Es war ein Rückfall in ein altes Leiden. Zahn war wieder kamelienkrank. Krank aus Liebe.

20 Grad minus, das tät ich aber nicht glauben. Evis Einwurf.

Fast alle klagten über Rückfälle. Pet hatte wieder heikle *Agapanthus umbellatus* auf dem Balkon. Schöne Inge besagten *Selenicereus*. Eine »Königin der Nacht«. Wenn die dermaleinst blüht, schickst du uns aber ein Foto.

Wir waren vernünftig an der Warteschlange am Palais vor-
beigegangen, so viel Schaulustige, lauter Blumenfreunde,
sogar erfreulich viele junge Leute. Also weiter im Bummel-
schritt ums Karree. Richtung Alma Mater, die eigentlich ein
Vater war, Erde und Himmel. Ei Ta. Die Dresdner in unserer Mitte kannten sein Grab draußen in Tolkewitz. Auf dem
Findling ein Spruch von Goethe.

Sie wussten auch, dass im heiligen Gelände der Göttin
Flora seit Jahren Baumaschinen und Geräte abgestellt worden waren, ein Lagerplatz, der bald einmal etwas Schönes
werden sollte, vielleicht Lehrgarten, Schaugarten, vielleicht
eine Orangerie. In Zukunft vielleicht ein moderner natur-
belassener Hain für heimische Blumen und Kräuter.

Das Tor hinten stand offen, darüber freute sich Evi. Ich
hatte schon Angst, dass wir gar nicht reinkommen.

Am großen Gatter, wo nun Traktoren durchpassten, hing
am Riegel ein Vorhängeschloss. Rechts die Staudenrabatte
gehörte jetzt zur vergrößerten Einfahrt. Weil es noch nichts
Festes, auch noch keine Pläne gab, war anstelle unserer
massiven Gerätebude eine provisorische Halle zusammen-
gesetzt worden, Gemüsetreibhaus oder wetterfeste Werk-
statt, ein Foliengerippe. Ein paar Madagaskarpalmen, Cli-
vien, *Plumbago*-Töpfe standen in Reihe. Ein Gartenschlauch
lag daneben. Die Töpfe frisch, reichlich gewässert. Kalte,
reparaturbedürftige Heizungsrohre. Hier hatte ein Terrassenrestaurant über Winter seine Kübelpflanzen unter-
gestellt, provisorisch, bis zum Frühjahr. Wie viel provisorische Winter. Pet untersuchte einen zerzausten *Agapanthus*.
Der wird!, rief er uns zu.

Wir spähten durch die Folientür und weit ins flache Ge-
lände, ganz hinten in der Hölle parkten Baumaschinen,
Walzen, Schottersiebe. Wir bewegten uns als geschlossene
Traube langsam mit Besinnungspausen auf dem breiten

Fahrweg entlang bis ungefähr in die Mitte, da waren noch Fundamente und Eisenteile vom Verbinder, und da stand noch der Schornstein der Heizanlage.

Der Schornstein bleibt immer bis zum Schluss! So was wussten wir Trümmerkinder. Die Mauern ringsherum konnten Schutthaufen sein, doch an der Schornsteinwand hatte noch die Tapete geklebt, manchmal sogar ein Bilderrahmen gehangen, wie zum Hohn ein Spiegel.

Im Gesträuch, das aus dem Park wild herübergewuchert war und damit die Ecke schwer zugänglich machte, lag zusammengesunken unser Refugium, das damals neue Gemäuer, der kleine hufeisenförmige Bau. Eine dicke Teerschwarte hing über das Dach, schwarze knochenharte Paste, die wohl in heißen Sommern heruntergeflossen war, über den Kavalierhausputz und über die später eingesetzten Schichtstofftüren. Die Türen saßen fest verschlossen in einem massiven Rahmen, obwohl drin gewiss gar nichts mehr war. Ein zerschlagenes Fenster, dahinter für alle eindeutig, aber kaum zu glauben die Abkanzlei.

Während die Debatte um eine Kneipe ging, wo man würde einen Kaffee trinken können, bedenkend, dass heute Union zum Spiel antrat, drehten wir dem Gemäuer den Rücken. Es war sowieso schwer zugänglich und genug.

Denn man konnte weder vom Verschwinden noch von einem Untergang sprechen, das war eine Geschichte, die es gegeben hatte.

Nichts zu beklagen, nichts zu bewundern.

Erde oder Biomasse, wie man's nimmt.

Ich war die Einzige, die trotzdem ein paar Handyfotos machte.

Weil die Umrisse stimmten. Betonplatten, die Begrenzung der Frühbeetkästen. Ein Wasserhahn mit der alten Kranzarmatur. An der Pergola die Sträucher hatten sich in

den Jahrzehnten hier angesiedelt. Falscher Jasmin und Kerrien, nicht unser Werk. An der Stelle in der Herkulesallee, wo wir jedes Jahr zwei- oder dreimal die vierzehn Buchstaben, unsere Fürbitte, in die Erde gesetzt hatten, wuchs eine große Eibe, ein Wildling.

Ich hob die unteren Zweige, ich wühlte ein bisschen so für mich hin. Wurzeln. Ein Aluminiumschild. Man konnte die Aufschrift schwer entziffern, immerhin hatte das Schild eine Ewigkeit in der Erde gesteckt. Zahn hatte, wie es sich für einen Botaniker gehörte, eine Lupe in der Hosentasche. Er konnte die Ei-Ta-Schrift grade noch entziffern *Salvia splendens nana* ›Weltfrieden‹, das war der Sortenname, damit hatten wir in einem Sommer »Nie wieder Krieg« gepflanzt. Evi konnte sich erinnern. Eine niedrige robuste Salvien-Sorte.

Daraufhin haben wir den kürzesten Weg zum Café genommen, die schnurgerade Herkulesallee, denn wir waren keine strammen Wandersleute mehr. Wisst ihr noch, Neujahr auf dem Borsberg und im Oktober zur Hirschbrunft im Schandt oder Exkursion Schöne Höhe Dittersbach – bis wir nach tapferem Fußmarsch gerne wieder auf Stühlen saßen, da dachte einer, der bei Kräften und guter Laune war, an die Linden, die wir gepflanzt hatten vor mehr als 60 Jahren. Setzlinge aus der Baumschule, die Wurzelballen in Jutesäcken, da wusste ein anderer noch, wie wir geackert haben, Erde bewegt. Pflanzlöcher mannstief. Mutterboden aus der Hölle. Wie die Linden schon das Jahr darauf fußgefasst hatten. Grün, alle grün.

Es war kein Traum. Wir waren ja in dieser Stunde unter den alten noch winterkahlen Bäumen die Herkulesallee entlanggegangen, der Erdboden, das Wurzelwerk unter unseren Füssen hatte ein wenig gezittert, geschwankt wie das Gedächtnis manchmal.

Ein Spruch sagt, es sei dafür gesorgt, dass die Bäume nicht in den Himmel wachsen.

Ist das wahr?

Die Bäume machen den Himmel. So haben wir das gelernt.

Literatur

Black, David (Hg.), Carl Linnaeus Travels, o. O. 1979

Elßholtz, Johann Sigismund, Vom Garten-Baw. Neudruck der Ausgabe Berlin, Leipzig, Cölln 1684, Leipzig 1987

Foerster, Eva; Rostin, Gerhard (Hg.), Ein Garten der Erinnerung – Leben und Wirken von Karl Foerster – dem großen Garten-Poeten und Stauden-Züchter, Hamburg 2001

Foerster, Karl, Garten als Zauberschlüssel. Ein Buch von neuer Abenteuerlichkeit des Lebens und Gärtnerns unter dem Zeichen erleichterten Gartenwesens, Berlin 1934

Ders., Der neue Rittersporn. Geschichte einer Leidenschaft in Bildern und Erfahrungen, Sulzberg / Allgäu 1990. Reprint der Ausgabe von 1929

Ders., Neuer Glanz des Gartenjahres, Radebeul, Berlin 1952

Ders., Tröste mich – ich bin so glücklich. Worte aus dem Umgang mit Menschen, Pflanzen und Gärten, Hamburg 1954

Ders., Vom Blütengarten der Zukunft. Das neue Zeitalter des Gartens und das Geheimnis der veredelten winterfesten Dauerpflanzen. Erfahrungen und Bilder, Berlin 1917

Foerster, Marianne, Der Garten meines Vaters Karl Foerster – Bornimer Gartentagebuch für Neugierige, München 2006

Göritz, Hermann, Laubgehölze für Garten und Landschaft, Berlin 1957

Gramberg, Eugen, Wildgemüse, Wildfrüchte, Wildtee, Heidelberg 1918

Günther, Harri, Gehölze in den Gärten von Sanssouci, Potsdam 1981

Jelitto, Leo; Schacht, Wilhelm; Simon, Hans, Die Freiland-Schmuckstauden. Handbuch und Lexikon der Gartenstauden, Stuttgart 2002

Köhlein, Fritz, Schöne Rittersporne, Stuttgart 1992

Linné, Carl von, Lappländische Reise und andere Schriften, Leipzig 1980

Ders., Nemesis Divina, Frankfurt / M., Berlin, Wien 1983

Maw, George, A Monograph of the Genus Crocus, London 1886

Parkinson, John, Theatrum Botanicum. The Theatre of Plants, London 1640

Proudley, Brian und Valerie, Koniferen in Landschaft und Garten, Berlin, Basel, Wien 1978

Sackville-West, Vita, Mein Garten, München, Zürich 2001

Sedlag, Ulrich (Hg.), Insekten Mitteleuropas, Leipzig, Radebeul 1986

Spellenberg, Richard, Familiar Flowers of North America. Eastern Region, New York 1986

Timirjasew, Kliment A., Ausgewählte Werke Band 1. Das Leben der Pflanze, Berlin 1951

Tüxen, Reinhold, Unser Buchenwald im Jahreslauf, Karlsruhe 1986

Uggla, Arvid Hj., Carl von Linné, Uppsala 1959

Zoller, Heinrich, Albrecht von Hallers Pflanzensammlungen in Göttingen, sein botanisches Werk und sein Verhältnis zu Carl von Linné, Göttingen 1958

Zitatnachweis

16 *Tröste mich* ... – Titel eines Buches von Karl Foerster, vgl.
Literaturangaben.

Es ist, als ob man einem Mondsüchtigen begegnet ... – Karl
Foerster in einem Brief an Elisabeth Koch von 27. 6. 1944.
In: Eva Foerster; Gerhard Rostin (Hg.), Ein Garten der
Erinnerung, S. 328.

Das Leben ohne Phlox ... – Ebd., S. 345.

19 *Der luftige, geheimnisvolle Schönheitsbau* ... – Karl Foerster,
Der neue Rittersporn, S. 30.

22 *bisher dicht verhangene Landschaftsferne* ... – Ders., Garten
als Zauberschlüssel, S. 209.

30 *an authority on the genus* Crocus – Brian Mathew bei der
Verleihung der Herbert Medal 1992. Nach: http://www.
bulbsociety.org/ABOUT_IBS/Awards/HERBERT_MEDAL/
Brian/Mathewbrian.html

41 *An etlichen Orthen* ... – Eugen Gramberg, Wildgemüse,
Wildfrüchte, Wildtee, S. 46.

46 *Am Tage hielt er Lektionen* ... – Carl von Linné, Lappländische Reise und andere Schriften, S. 188.

der Bursche [...] ... botanische Bücher ... – Ebd., S. 163.

47   *Längs des Weges sah ich ...* – Ebd., S. 7.

48   *die Krähen, die das Moor lieben ...* – Ebd., S. 154.

     Man ist versucht ... – Ebd., S. 299.

50   *wiewohl Linnaeus gerade krank ...* – Carl von Linné, Lappländische Reise und andere Schriften, S. 202.

51   *alluding to be coiled ...* – Richard Spellenberg, Familiar Flowers of North America, S. 178.

65   *bekommen sie die Höhe ...* – Johann Sigismund Elßholtz, Vom Garten-Baw, S. 118.

68   *aber hier in Frankreich ...* – Siehe: https://www.meillandrichardier.com. Übersetzt von Helga Schütz.

71   *Ist nicht jeder ... Traum ...* – Novalis, Heinrich von Ofterdingen. In: Novalis, Werke in einem Band, Berlin und Weimar 1984, S. 115.

72   *Der Traum eine Schutzwehr ...* – Ebd.

74   *Weltentief verschieden ...* – Karl Foerster, Der neue Rittersporn, S. 6.

76   *Trägt ungestützt windsicher ...* – Ebd., S. 27.

77   *Mein Begleiter stand bei mir ...* – Novalis, Heinrich von Ofterdingen, a. a. O., S. 119.

79   *Enthüllet den Gral ...* – Richard Wagner, Parsifal. Zweiter Aufzug, Szene drei.

92   *Was ich sehe und was mich verwirrt ...* – Blaise Pascal,

Gedanken. Nach der endgültigen Ausgabe übertragen von Wolfgang Rüttenauer, Leipzig o. J., S. 171.

99 *Parsifal! – Weile! ... wo du mich wieder finden kannst –* Richard Wagner, Parsifal. Zweiter Aufzug, Szene drei.

112 *Lass mich ein Blatt am Baum sein –* Fernando Pessoa, Buch der Unruhe.

121 *wärmerer Wind, um den Baum küselnd ...* – Reinhold Tüxen, Unser Buchenwald im Jahreslauf, S. 33 f.

Ihre Schönheit lässt sich ... – Ebd., S. 35.

124 *Dies Gewölbe mir ersetzen kann ...* – Aus dem Gedicht »Bei der Erinnerung des Buchenwaldes von Lüttenhagen« von Großherzog Georg von Mecklenburg-Strelitz, das auf einer Gedenkplakette an einer Buche im Naturschutzgebiet »Heilige Hallen« (Mecklenburger Seenplatte) zu lesen ist.

132 *Ich mag sie nicht ...* – Vita Sackville-West, Mein Garten, S. 463.

179 *Flora, Göttin, kehre wieder ...* – Karl von Holtei, Gedichte, Berlin 1844, S. 161.

Helga
Schütz

DIE
KIRSCHEN
DIEBIN

EINE ERZÄHLUNG

a

aufbau

Thomas Falkenhain hatte sich auf eine Kiste gesetzt.

Seine Hand zitterte, die Busfahrkarte, er wusste noch, wie er die Fahrkarte bezahlt hatte, spürte das abgezählte Geld in der Hand, sein Elend und die Gleichgültigkeit des Busfahrers. Er hatte den winzigen Beleg aufgehoben. Ein rotes Ahornblatt aus Vergänglichkeitsgründen. Den blauen Rittersporn.

Jede Menge beschriebenes Papier. Seine Schrift und sein Zorn, er lächelte, die Hilfsaktionen, Leipzigfahrten. Immer Herbst in den Städten, in den Wohnungen und Kirchen. Und wirklich stolze Gedanken. Ganze Kapitel über die Hausbesetzerzeit. Über einen polnischen Dichter. Adam Mickiewicz auf der Reise nach Weimar. Das sollte eine größere Sache werden. Ein Brief, fertig im Umschlag, nicht abgeschickt.

Es war an der Zeit. Er raffte die Hefte, die Papiere aus der Pfanne in einen Tragkorb.

Draußen lichtelte die Asche, Thomas warf Reisig drauf, danach einen Haufen Papier. Auch der würfelförmige Karton aus der Pfanne sollte verbrennen. Er schob die biegsame Pappe ins Feuer. Ein zusammengerolltes, von einem Band gehaltenes Bündel hielt er zurück. Er beobachtete, wie in der Feuerschale die

losgelassenen Seiten tanzten. Getippte Blätter zeigten sich ihm schlängelnd, hüpfend, bevor sie schwarz wurden und endlich aschgrau zum Himmel fuhren.

Er hielt das zusammengeschnürte Bündel in der Hand.

Wusste er noch, was ihm damals begegnet war? Er hatte gelitten, also war es Liebe.

Er wäre jetzt froh, wenn Leni käme. Vielleicht brächte sie eine Zeitschrift, eine Nachricht von heute. Vielleicht hatte sie einen Artikel gelesen oder im Radio eine Sendung gehört. Leni war ein Rundfunkmensch. Sie hörte sich Rätsel an, wenn sie die Lösung wusste, griff sie zum Telefon. Leni kannte die Nummer von Radio Drei. Sie gewann Bücher oder schlimmstenfalls Theaterkarten. Dann musste er mit ihr in die Stadt fahren. Wenn Leni ihm jetzt erschiene, würde er das Bündel unter einer Blumenschale verstecken, er würde das Bündel nicht vergessen, würde es später hervorholen, spätabends, wenn er wieder allein wäre und vielleicht gefasster als jetzt gerade. Er lehnte sich an die Kiefer, so fand wenigstens sein Körper einen Halt. Leni würde ihm nichts anmerken, sie würde etwas Gefälliges oder eben Theaterkarten mitbringen oder mit ihm über die pfiffige Frau Samtleben reden. Einig würden sie sein. Die Samtleben war dieser Tage ihr Thema. In der Lebensführung sich selbst realisieren, das ist das Höchste, was der Mensch erreichen kann. Das ist eine Aufgabe für alle und jeden. Leni und Thomas hatten eine große Meisterschaft darin erreicht, aber die allermeisten verpfuschen das. Es wäre gut, wenn Leni käme. Er war sich jedoch nicht gewiss, ob er die Stunde mit Leni meistern würde. Samtleben Leben, überhaupt Leben. Er hielt die Petschaften, die er früher einmal in einer Rolle und in einer Papierhülle gesichert, mit einem hellen Bastband umwunden, im Karton aufbewahrt hatte. Im Karton, der dann fast ein halbes Jahrhundert in der Bratpfanne vergessen werden konnte. Falkenhain wusste nicht, was er tun wollte, wahrscheinlich wollte er ins Haus gehen. Warum ins Haus, dachte er. Es war

nicht möglich. Wohin mit der Rolle. Sie sollte verschlossen bleiben. Er fürchtete um den Gleichmut seiner Tage. Er konnte sich kein Bild von ihr machen. In seiner Vorstellung war sie so, wie er sie zum ersten Mal gesehen, vielmehr gehört hatte, zwischen anderen in einer Mitte, allein vor einem Kino, der Klang ihrer Stimme war ziemlich deutlich zu hören. Wie im Schnee, der alle anderen Geräusche filtert. Ihm blieb die schneegefilterte Mädchenstimme, der das Handgreifliche fehlte. Ihr Geruch war verflogen, nirgends wiederzufinden. Vielleicht hing an den Papieren ein Hauch. Vielleicht Einbildung. Es gab keine Worte dafür. Konnte es sein, dass er sein blindes Leid, seine Leidenschaft vergessen hatte? Einmal, in einem verregneten Sommer, war sie ihm während einer Schreibarbeit in einem Kupferstich erschienen. Allerdings als Engel, der sich davonmachen konnte. Die Irritation war Absicht des Kupferstechers. Albrecht Dürer hatte eine Frau mit hohem, einfältig nach innen gerichtetem Blick ins Bild gesetzt, die zusammen mit ihrem Kind in einer brüchig tätigen Welt allein war. In Büchern endete die Liebe mit einer Hochzeit oder mit einem Mord. Oder im Wahnsinn.

Sie hatte ihn erst gesucht, und dann hatte sie ihn verlassen. Zu Anfang hatten sie zusammen in einer Seminargruppe gesessen, in einem Raum, aber auf Abstand. Er hatte sie kaum wahrgenommen. Oder doch? Später hatte er behauptet, er habe immer nur sie gesucht, um ihr nahe zu sein, habe er Abstand gebraucht. Deswegen habe er woanders gesessen und selten in ihre Richtung, sondern immer mit deutlicher Geringschätzung an ihr vorbei geredet, deswegen habe er die anderen zum Lachen gebracht. Es war Selbstbehauptung, sogar Notwehr.

Sie war einem anderen verbunden. Einer Art Albert, wie die Lotte aus Goethes *Werther*, einem braven Mann also. Das Schicksal hatte gewaltig vorgearbeitet. An den Wochenenden fuhr sie zusammen mit dem braven Mann zu ihrem gemeinsamen Kind, das über Wochen von ihrer Mutter oder seinen Eltern betreut

wurde. Einmal völlig überraschend ein bunter Rock, Petticoat, einfach ein Mädchen aus der Seminargruppe, das einen himmelblauen Kinderwagen durch einen Sommertag schob. Er konnte nicht vorbeigehen. Er versperrte den Weg und machte einen flachen Scherz. Wie kann ein so zierliches Mädchen so einen dicken zappelnden Mops zur Welt bringen? Später behauptete er, er habe das Sommerbild adoptiert samt den Füßen mit den rotlackierten Zehennägeln in den braunen Sandalen, den Jesuslatschen mit Riemen um die fesselnden Fesseln, samt dem bunten Rock mit den aufgedruckten Scherenschnitten. Schwarze Figuren auf ihrem Rock, ein Ring, ein Reifen, gleichfalls Fessel. So war die Zeit vergangen. Ein Jahr. Er umarmte muntere Studentinnen, die nicht auf den Kopf gefallen waren und auch irgendeinen Lockstoff in sich hatten, sogenannten Charme. Aparte Erscheinungen jedenfalls, von Lenis Qualitäten. Es war ein anderer Sommertag. Er hatte sie, so nannten sie es später, beim Kirschenklauen erwischt.

Wahrscheinlich war sie absichtlich, also wegen der reifen Kirschen, noch vor dem Pförtner ins Seminarhaus gekommen, denn auf dem Nachbargrundstück, durch keinen Zaun geschützt, befand sich ein Kirschbaum, von dem die Kirschen schon in der Woche zuvor ziemlich reif herübergelockt hatten. An dem Tage, zu ebenjener sonnenmilden, sehr frühen Morgenstunde waren sie rot und süß und prall. Sie stand unter dem Baum, gestreckt, wahrscheinlich auf Zehenspitzen, einen Ast herabgezogen, gleichzeitig den schwarzen Pullover gerafft, in dem sie schon Kirschen gehortet hatte, sie schnappte mit den Lippen und pflückte mit der freien Hand.

Jetzt müsste eigentlich ein Schuss knallen. Sie müsste umfallen, er müsste retten oder er umfallen, sie müsste retten. Doch da war kein Jäger, kein Schütze. Da war nur er, der immer noch zögerte. Minuten, die etwas Besonderes waren. Kirchenstille. Wandlung. Wasser wird Wein, wird Blut. Er hatte seine Jacke auf

den Weg geworfen. Dann hatte er wieder Kasperle gespielt, war von hinten durch das hohe Kraut angeschlichen und hatte sie erschreckt. Die Kirschen fielen aus dem schwarzen Pullover. Sie drehte sich um, und dann lag sie ihm in den Armen. Ringsherum Brennnesseln. Das war nicht übertrieben. Nichts war übertrieben. Sie war ihm so nahe wie du, du meine Seele, mein Reichtum, mein Gut, was er auch sagte, flüsterte, also in Worte fasste, was er auch tat oder tun würde, sie war in Ewigkeit sein unerreichbares Eigentum.

Ist es nicht langweilig ohne mich, hatte er gefragt.

Kann sein, ja, es ist vielleicht sogar langweilig, aber man kann damit leben. Liebe tötet.

Sie kannten die Theorien. Karl Marx. Sartre. Und die Philosophie des Stattdessen. Lebensdienliche Liebe?

In der Rolle, die er in der Hand hielt, steckten abgerissene Zeitungsränder, darauf Depeschen über Busfahrzeiten, Zettel mit souverän politischen Meinungen, den Vietnamkrieg betreffend. Sie brauchten den Krieg, um dagegen zu protestieren, Gelegenheit, sich zu sehen. Herausgerissene Seiten.

Ein Fragezeichen auf einem Stück Papier genügte. Geheimbotschaften. Von wegen Liebe, du armseliger Mensch.

Die Erde bebte nicht, aber die Nacht war eiskalt. Sie würden sich nie wiedersehen, niemals, das hatte sie ihm bei minus zwölf Grad im Tiefschnee unter einem sagenhaften Sternenhimmel auf einem versteckten Waldweg, weitab vom öffentlichen Nahverkehr, beigebracht. Theatralisch, wie sie manchmal war, weil sie ihm mit bestimmten Übertreibungen gefallen wollte. Diesmal sprach sie böse, er fand sie dumm, wie eine kitschige Brockenhexe, wie eine Romanheldin, Troubadoura, Amanda oder so.

Es ist deine Entscheidung, dein Entschluss.

So ist es.

Damals dachte er, das wird wohl nun die schlimmste Stunde

meines Lebens gewesen sein. Sie war mit Kind und Kindesvater nach dem Westen gegangen.

Sie war also drüben.

In kleinen zuverlässigen Runden wurde über den neuen Fall gesprochen. Im Äußeren, so hörte Thomas, war das meiste wohl erträglich abgelaufen. Die Flucht war über Jugoslawien organisiert worden, mit einem Boot über die Adria. Bis ans Ende der Welt. Es hätte Alaska sein können oder ein Kaff in Mexiko. Aber sie landeten in Westberlin, höchstens eine Tageswanderung vom Fluchtpunkt, dem Waldweg im Forst von Rehbrücke, entfernt. Wenn er mit sich einig sein wollte, dachte er, sie habe sich vor ihm in Sicherheit bringen müssen. Jedenfalls am Anfang suchte er diesen Halt, diesen Anker. Er litt, wenn er sie zur Heiligen machte, er litt, wenn er sie aus seinen Gedanken verbannen wollte. Verräterin.